GELD — DIE NÄCHSTEN 10 JAHRE

Bibliografische Information der Deutschen Nationalbibliothek
Die Deutsche Nationalbibliothek führt diese Publikation in der Deutschen Nationalbibliografie. Detaillierte bibliografische Daten sind im Internet über http://d-nb.de abrufbar.

Erstausgabe · BTC-ECHO, Berlin 2022 · www.btc-echo.de
Lektorat · Christian Wöllecke
Korrektorat · Friederike Kenneweg
Gestaltung, Satz · Kraft plus Wiechmann · kplusw.de
Porträtfoto · © Wolf Lux
Druck · Printed in EU

ISBN Print 978-3-9824994-0-6
ISBN E-Book (EPUB, Mobi) 978-3-9824994-1-3

GELD DIE NÄCHSTEN 10 JAHRE

Wie der digitale Euro, die Krypto-Ökonomie und der Machtkampf zwischen China und den USA unser Finanzsystem revolutionieren

SVEN WAGENKNECHT

BTC-ECHO

INHALT

VORWORT

»Über Geld spricht man nicht« – das haben viele von uns als Kinder beigebracht bekommen. Während ich dieses Buch hier schreibe, könnte uns diese gesellschaftliche Etikette allerdings teuer zu stehen kommen. Unter dem oftmals inflationär gebrauchten Schlagwort der Digitalisierung wird nicht nur voraussichtlich das Bargeld verschwinden, auch wird Geld weit mehr Funktionen innehaben als die eines Zahlungsmittels. Doch wie mag das Geld der Zukunft aussehen? Nicht nur Politiker und Politikerinnen und Notbankern und Notenbankerinnen fällt es schwer, diese Frage zu beantworten. Als soziale Konstruktion untersteht Geld keinen objektiven Naturgesetzen. Wie das richtige Geld der Zukunft auszusehen hat, ist eine subjektive Frage. Je nach gesellschaftlicher und wirtschaftspolitischer Weltanschauung können die Antworten auf die Frage nach dem idealtypischen Geld stark auseinandergehen. Aus diesem Grund braucht es jetzt einen gesellschaftlichen Diskurs. Genauso wie der Klimawandel oder die Steuerpolitik muss das Thema Geld auf die politische und zivilgesellschaftliche Agenda. Unmittelbar in der ersten Hälfte dieser Dekade stehen die Entscheidungen an, die unser zukünftiges Verhältnis zu Geld und all die daraus resultierenden Abhängigkeiten prägen werden.

Die Grundlagen für einen digitalen Euro oder E-Euro werden in den kommenden Jahren gelegt. Dessen bewusst ist sich auch die Chefin der Europäischen Zentralbank, Christine Lagarde. Während in anderen Nationen wie China eine digitale Zentralbankwährung bereits beschlossen und umgesetzt wurde, gibt man sich bei der EZB noch zurückhaltend. »Wir sollten darauf vorbereitet sein, einen digitalen Euro einzuführen, sollte dies erforderlich werden«, lässt sich Frau Lagarde auf der Homepage der EZB zitieren. Gleichzeitig kündigt die EZB-Präsidentin an, dass der E-Euro bis 2025 umgesetzt sein könnte. Bei genauerer Betrachtung wird schnell deutlich, dass sich nie die Frage nach dem »ob« gestellt hat. Genauso, wie sich nicht die Frage stellt, ob man beim »Internet« mitmacht, stellt sich auch nicht die Frage, ob man in Zukunft eine digitale Version des Euro oder einer anderen Zentralbankwährung herausgeben wird. Geld ist eng an die Souveränität und Wettbewerbsfähigkeit einer Nation oder eines Währungsraumes gebunden. Kein Staat wird dies freiwillig opfern.

Der Impuls des neuen Geldes stammt allerdings nicht von den Staaten selbst. Wenn wir den Strukturwandel des Geldes verstehen wollen, dann müssen wir uns den nach wie vor umstrittenen Kryptowährungen widmen. Die Technologie, auf der Kryptowährungen wie Bitcoin oder Ether aufbauen, hat die Möglichkeiten eines digitalen Geldes überhaupt erst in die öffentliche Wahrnehmung gerückt. Aus einer Spielerei für Computer-Nerds ist Ernst geworden. Inzwischen arbeiten nicht mehr nur Start-ups und Krypto-Enthusiasten an den neuen Geldformen, sondern auch die größten Banken und Tech-Konzerne dieser Welt. Der Markt für Kryptowährungen ist zu groß geworden, um ihn zu ignorieren. Es geht nicht mehr um Milliarden, sondern um Billionen von US-Dollar, die in diesen immer noch neuen Markt geflossen sind.

Die meisten traditionellen Finanzinstitute stehen dabei immer mehr mit dem Rücken zur Wand. Von links und rechts werden sie von Tech-Unternehmen und neuen Anwendungen aus dem Sektor der Kryptowährungen angegriffen. Während es in den letzten beiden Jahrzehnten vor allem um das Internet ging, geht es in dieser Dekade um die Integration von digitalem Geld in programmierbare Infrastrukturen. Doch nicht nur Banken werden durch die neuen Finanzinfrastrukturen und den höheren Automatisierungsgrad herausgefordert, sondern auch Staaten und Notenbanken. Mit eigenem Geld und einer bankenunabhängigen Infrastruktur droht die Privatwirtschaft, das staatliche Geldmonopol infrage zu stellen. Finanzminister sowie Notenbankerinnen sehen sich dazu gezwungen, den privaten Währungsinitiativen etwas entgegenzusetzen – mit einschneidender Regulierung und einem eigenen digitalen Pendant.

Die Deutungshoheit über das Wesen des Geldes, über die Frage, wie unser Geldsystem auszusehen hat und wie die Machtstrukturen in diesem System verteilt sind, wird neu verhandelt. Auf allen Ebenen, gesellschaftlich und realpolitisch, bahnt sich ein Währungskonflikt an. In diesem Jahrzehnt wird sich nicht nur entscheiden, ob der US-Dollar die Weltreservewährung bleibt, es geht auch um die Frage, wie viel Freiheit jeder Einzelne von uns durch das neue Geld hinzugewinnt oder verliert. Praktisch kein anderes Thema taucht so wenig im öffentlichen und politischen Diskurs auf und besitzt gleichzeitig einen so gravierenden Einfluss auf unser zukünftiges Leben.

1

DIE NEUEN FINANZ-PLAYER UND IHRE STRATEGIE — WIE DAS SILICON VALLEY DIE WALL STREET ANGREIFT

Das Internet hat unzählige Branchen umgewälzt, und es stellt dabei sicher geglaubte Geschäftsmodelle infrage. Die sogenannte Plattform-Ökonomie hat Einzug in unsere Wirtschaft gehalten und gibt heute den Takt in vielen Branchen vor. Unternehmen wie Amazon, Airbnb oder Google sind die neuen Quasi-Monopole unserer Zeit. Bücherläden haben unter Amazon zu leiden[1] und Taxifahrer unter Uber[2]. Anstatt Musikalben zu kaufen, streamt man diese bei Spotify. Wer eine Reise buchen möchte, wird nur noch selten ein Reisebüro aufsuchen und stattdessen eher über diverse Reiseportale im Internet den Sommerurlaub buchen. Es gibt viele Beispiele, wie Marktanteile von traditionellen Einzelhändlern und Dienstleistern auf die Internetpioniere übergehen. Was dabei auffällt: Banken wurden bislang weitestgehend verschont. Eine Technologie, die das zukünftig ändert, ist die Blockchain-Technologie.

Das Image der Blockchain-Technologie ist nicht besser als das des Internets Mitte der 90er-Jahre. Im Fokus stehen Spekulationsblasen, ein Missbrauch durch Kriminelle und ein Mehrwert beziehungsweise Nutzen, der sich nur wenigen Menschen erschließt. Genauso wie die meisten Menschen gut ohne das Internet der 90er-Jahre auskamen, können sie heutzutage auf die Blockchain-Technologie verzichten. Inzwischen ist das Internet ein so selbstverständlicher Teil unseres Lebens und der gesamten Wertschöpfung geworden, dass man schnell vergisst, wie groß die Zweifel mit Blick auf diese Technologie waren. Nur: Die Blockchain-Technologie ist nichts weiter als eine neue Infrastruktur, die auf dem Internet basiert und neue Möglichkeiten der Interaktion und Organisation bietet. Vereinfacht gesagt können wir mit dem Internet Informationen versenden und austauschen, während wir mit der Blockchain Werte (Eigentum, Identitäten, Verträge) ohne Mittelsmann transferieren können. Aktuell erscheint dieser Gedanke allerdings noch sehr abstrakt. Zwar hat eigentlich jeder schon mal von Bitcoin gehört, aber wie genau es sich mit der Blockchain-Technologie verhält, bleibt vielen ein Rätsel.

Kein Wunder, wenn ein Vergleich mit der Relevanz des Internets übertrieben zu sein scheint. Mit der Ausnahme von Bitcoin fehlt es an Blockchain-Anwendungen, die in der Breite bekannt sind.

Um den Stand der Blockchain-Technologie besser verstehen zu können, ist es sinnvoll, Parallelen zur Internetbewegung Mitte der 90er-Jahre zu ziehen. Der bekannte amerikanische Fernsehmoderater David Letterman interviewte damals Bill Gates[3]. Der Microsoft-Gründer geriet im Jahr 1995 ziemlich ins Schlingern, als er erklären sollte, wofür das Internet gut sei.

David Letterman: Dieses Internet-Ding. Weißt du irgendetwas darüber?

Bill Gates: Klar.

David Letterman: Was zum Himmel soll das sein?

Bill Gates: Es entwickelt sich zu einem Ort, an dem Menschen Informationen veröffentlichen. Jeder kann seine eigene Homepage haben, Unternehmen präsentieren sich dort und man findet die aktuellsten Nachrichten. Auch kann man elektronische Briefe versenden. Es ist einfach das nächste große Ding.

David Lettermann: Natürlich ist es einfach, etwas zu kritisieren, das man nicht vollständig versteht, aber ich kann mich an eine große Ankündigung vor ein paar Monaten erinnern, dass man über das Internet ein Baseball-Spiel übertragen möchte. Und ich habe mir dabei nur gedacht: Wofür haben wir ein Radio? [Publikum lacht laut]

Bill Gates: Es gibt aber einen großen Unterschied. Man kann sich das Baseball-Spiel jederzeit anhören, wann immer man möchte.

David Letterman: Ah, okay, schon verstanden, es ist also aufgezeichnet worden und abgespeichert.

Bill Gates: Genau.

David Letterman: Klingelts bei Kassettenrekordern? [Publikum lacht laut] Also, was brauche ich denn jetzt davon, was vermisse ich?

Bill Gates: Wenn du etwas über die neuesten Zigarren lernen möchtest oder die letzten Statistiken zu Autorennen. [Letterman unterbricht Gates]

David Letterman: Okay, ich habe es verstanden. Ich habe zwei britische Zeitschriften-Abos, die sich ausschließlich mit Motorsport auseinandersetzen, und ich habe die Quicker States Speedline [Bahngesellschaft] innerhalb von 30 Minuten zweimal angerufen. Was bringt mir der Computer also mehr, als was ich sowieso schon bekomme?

Bill Gates: Man kann andere Menschen finden, die das gleiche Interesse teilen. [Letterman zieht eine verständnislose Grimasse und Publikum fängt wieder an zu lachen]

Einer der größten Pioniere der Computertechnologie und des Internetzeitalters wurde 1995 nicht ernst genommen. Kaum jemand hatte zu dem Zeitpunkt wirklich verstanden, wohin sich das Internet noch entwickeln würde. Als Bill Gates das Web 2.0 vorweggriff – »man kann andere Menschen finden, die das gleiche Interesse teilen« – war es mit dem Verständnis ganz vorbei. Das Publikum wusste sich nur noch mit Gelächter zu behelfen. Eine durchaus nachvollziehbare Reaktion. Schließlich gab es damals noch kein Facebook, nur die wenigsten Menschen hatten einen Computer und das ganze Internetökosystem existierte zu dem Zeitpunkt schlicht noch nicht. Es brauchte schon sehr viel Fantasie und Wagemut, um zu erkennen, dass das Internet nicht bloß eine Modeerscheinung oder ein Spielzeug von und für Nerds sein würde.

So absurd uns dieses Interview heute erscheinen mag, wiederholt es sich genauso tagtäglich auf der ganzen Welt. Nur geht es diesmal nicht um das Internet, sondern um die Blockchain-Technologie. Wir stehen auch heute wieder vor der Frage, warum wir diese neue Technologie eigentlich brauchen. Um Informationen zu übertragen, hatte man 1995 Medien wie Fernsehen und Radio, den Brief, Telefone etc. Und um heute Werte und Rechte zu übertragen, gibt es Finanzdienstleister wie Banken und Börsen. Außerdem Notare und Konzerne, mit denen wir sämtliche Dienstleistungsverträge abwickeln können. Wieder braucht es sehr viel Fantasie, um diesem neuen »Layer« im Sinne einer neuen Transaktionsebene etwas abzugewinnen. Inzwischen haben die meisten Tech-Unternehmen verstanden, dass die Blockchain-Technologie, gemeinsam mit anderen Technologien wie etwa künstlicher Intelligenz und dem Internet der Dinge, unser Verständnis von Interaktionen und Transaktionen in vielen Bereichen auf den Kopf stellen wird. Die großen Internetunternehmen werden von der Blockchain-Technologie herausgefordert und laufen Gefahr, langfristig selbst zu verschwinden. Auf der anderen Seite ist es aber auch eine riesige Chance, noch mehr Einfluss zu gewinnen.

KEINE SCIENCE-FICTION: DIE ZWEITE WELLE DER DIGITALISIERUNG

Das, was wir gerade erleben und im Allgemeinen als Digitalisierung beschreiben, kann man als zweite Welle[4] der Digitalisierung bezeichnen. Getrieben wird diese zweite Welle vor allem durch Blockchain, künstliche Intelligenz und das Internet der Dinge. Natürlich spielen auch noch andere Technologien wie Augmented oder Virtual Reality eine entscheidende Rolle, aber im Kern geht es um die drei erstgenannten. Damit einher geht ein neues Verständnis von Wertschöpfung und vor allem Wertetransaktionen. So wird der Mensch als aktiv handelndes Subjekt immer stärker aus Wertschöpfungsprozessen und Wertetransaktionen herausgedrängt. Dies betrifft sowohl die Informationsebene als auch die Werteebene. Einen steigenden Grad an Automatisierung und autonomer Entscheidungsfindung auf Informationsebene können wir uns durch verschiedene Beispiele vor Augen führen. Dies könnten unter anderem Fertigungsstrecken in Fabrikhallen sein, bei denen Roboter, aber kaum noch Menschen zu finden sind und die Logistik durch autonome Fahrzeuge sowie Drohnen automatisiert abläuft. Mehr noch als im Industriesektor lassen sich Beispiele im Dienstleistungsbereich finden. Immer öfter entscheiden Softwareprogramme, wie Geld angelegt wird oder ob eine Versicherung im Schadensfall zahlt, ohne dass ein Sachbearbeiter eine Prüfung vornehmen müsste. Zu dieser Informationsebene kommt nun durch die Blockchain-Technologie noch eine zweite Ebene hinzu, die gerade angesprochene Werteebene. Nicht im Sinne ethischer Werte, sondern im Sinne von Eigentum, Geld, Lizenzen, Identitäten sowie anderen knappen materiellen und immateriellen Gütern wird eine neue Transaktions- und Interaktionsebene geschaffen. Diese Änderung betrifft wiederum viele Prozesse, in denen Menschen, öffentliche Einrichtungen und Unternehmen als Intermediäre integriert sind. Ein Beispiel stellt die Identitätsüberprüfung anhand von Reisepass oder Personalausweis dar. Mithilfe der Blockchain-Technologie könnte jedwede Form der Identitätsüberprüfung rein digital und ohne die genannten Intermediäre vonstattengehen. Niemand müsste für die sichere Verwahrung der Identitätsdaten sorgen, da diese dezentral auf einer Blockchain liegen, ergo beim Nutzer oder der Nutzerin verbleiben. Auch bräuchte man keine Angst davor haben, dass Daten verändert oder von entsprechenden Dienstleistern ohne Erlaubnis monetarisiert werden, da es keine zentrale Datenbank mehr gibt. Anstatt also bei diversen Dienstleistungen, angefangen von der Flugbuchung bis hin zum Car-Sharing-Angebot, sämtliche Identitätsdaten offenzulegen, könnten die notwendigen Informationen durch digitale Signaturen erbracht und automatisch auf Richtigkeit überprüft werden. Im Idealfall würden Softwareprogramme von Nutzerinnen und Nutzern die Erlaubnis erhalten, bestimmte Daten abzurufen, ohne dass jemals ein anderer Mensch oder ein Unternehmen Einsicht auf die sensiblen Daten erhielte. Ein Mittelsmann – zum Beispiel Meta (ehemals Facebook) oder Google –, der heutzutage oftmals Teil des Verifizierungsprozesses ist, wäre ebenfalls obsolet. Dieser Ansatz wird umso interessanter, wenn es nicht mehr nur um Menschen, sondern auch um Maschinen geht, die im Zuge der sogenannten Machine-to-Machine-Kommunikation zu wirtschaftlich agierenden Objekten werden.

Dabei geht es dann nicht mehr nur um den Austausch von Informationen, sondern eben auch um das Abschließen von (Kauf-) Verträgen und das Durchführen von Kapitaltransaktionen. Dies ist zum Beispiel besonders für sogenannte Pay-per-use-Modelle interessant. Dabei kaufen Verbraucher oder Unternehmen nicht mehr das entsprechende Wirtschaftsgut (z. B. Bohrmaschine, Fahrzeug etc.), sondern nutzen dieses auf Basis eines Abomodells oder eben der einzeln abgerechneten Nutzung. Bei diesen Modellen müssen mehrere Komponenten berücksichtigt werden. Zunächst die Identitätserfassung von Nutzer oder Nutzerin und Maschine. Die Sicherstellung, dass keine Daten manipuliert werden, indem beispielsweise die Anzahl der Nutzungsvorgänge abgeändert wird. Daran gekoppelt sind wiederum Datenströme, die durch Sensoren und internetfähige Endgeräte zur weiteren Auswertung versendet werden. Zuletzt kommt es dann noch zu den Geldflüssen. Sei es vom Nutzer oder von der Nutzerin, um für die Nutzung zu bezahlen, oder vom Ausleiher, um zum Beispiel an das Endgerät gekoppelte Kredite zurückzuzahlen. Kurzum: Die neuen Technologien erlauben uns zwar hochautomatisierte Geschäftsmodelle, diese sind allerdings nur sehr schwer umzusetzen. Ohne eine Transformation unseres Geldes und der angesprochenen Werte-Infrastrukturen ist eine Umsetzung derartiger Geschäftsmodelle nur schwer denkbar. Schließlich können die autonom handelnden Programme nicht an unser Bankkonto angeschlossen werden. Unser heutiges Geld und seine Transaktionsinfrastrukturen bieten nur eine eingeschränkte Programmierbarkeit. Möchte man Geld in digitale Infrastrukturen einbetten, dann stößt man schnell an seine Grenzen.

Ein Beispiel, das hilft, die Notwendigkeit von programmierbarem Geld wie auch Transaktionsinfrastrukturen zu verstehen, ist die Kommunikation über das Internet, genauer, die Art, wie wir Meetings abhalten und telefonieren. Gerade im beruflichen Umfeld oder wenn man sich mit mehreren Freunden digital verabredet, nutzt man Web-Call-Anbieter wie Zoom, Google Hangouts, Skype etc. Eine bereits etablierte Form der Kommunikation – telefonieren – wird dadurch in digitale Infrastrukturen überführt. Anstatt wie noch vom Kabeltelefon gewöhnt zum Hörer zu greifen und nur die Stimme eines anderen Menschen zu hören, können wir dank Computersoftware und Internet eine Videofunktion hinzuschalten. Wir können einen Chat aktivieren, Daten austauschen, Präsentationen und Aufzeichnungen durchführen, Online-Konferenzen veranstalten und auch einzelne Funktionen der Software mit anderen Programmen und internetfähigen Endgeräten koppeln. Kurzum: die Art, wie wir kommunizieren, hat sich in programmierbare Infrastrukturen eingebettet. Auch wurden die klassischen Mittelsmänner wie die Mobilfunkkonzerne zum Teil durch neue wie Google oder Microsoft ersetzt.

Was unseren Kommunikationsinfrastrukturen bereits widerfahren ist, geschieht nun mit unseren Finanz- und Werteinfrastrukturen. Die Digitalisierung springt von der Informationsebene (Kommunikation) auf die Werteebene (Eigentum, Geld, Verträge) über. Genauso wie das Internet unsere Kommunikation verändert hat, verändert die Blockchain-Technologie unsere Werteebene. Aus diesem Grund nennt man die Blockchain-Technologie auch das »Internet of Value«. Ganz gleich, ob Geld, Wertpapiere oder Ausweisdokumente: Sämtliche Werteinheiten werden in die neue Infrastruktur überführt. In dieser neuen Infrastruktur ermöglicht die Programmierung und Automatisierung dieser Einheiten eine vollkommen neue Wertschöpfung. Wir können dadurch Dinge wie Geld, Identität oder Nutzungsrechte an das Internet der Dinge, künstliche Intelligenz oder Virtual Reality koppeln. Man kann zum Beispiel Maschinen mit einer Identität ausstatten, die es ihnen ermöglicht, Wertetransaktionen durchzuführen, also z. B. zu bezahlen. Auch wäre es denkbar, Besitz und Eigentum auch in virtuellen Welten zu ermöglichen, womit digitale Volkswirtschaften entstünden.

Im Gegensatz zur Internetkommunikation müssen wir bei der Werteebene allerdings noch zwei weitere Aspekte beachten. Zum einen wären da die sogenannten Smart Contracts, zum anderen das sogenannte Double-Spending-Problem, das es zu lösen gilt. Bei den Smart Contracts handelt es sich um in Programmcode gegossene Verträge. Dadurch können Rechtsgeschäfte automatisiert und ohne das manuelle Zutun eines Menschen ausgeführt werden. Das bekannteste Beispiel für einen Smart Contract ist der Geldautomat. Anstatt an den Schalter einer Bank zu gehen und uns dort Bargeld auszahlen zu lassen, können wir den gleichen Transaktionsvorgang an einem Geldautomaten vornehmen. Nun handelt es sich dabei um sehr einfache und klar abgesteckte Vorgänge, die sehr gut zu automatisieren und vonseiten der Bank zu kontrollieren sind. Bei Smart Contracts auf viel komplexeren Ebenen müsste jede Transaktion zeit- und kostenaufwendig von der Bank als Mittelsmann bestätigt werden – und genau hier setzt die Blockchain-Technologie an. Mithilfe dieser dezentralen Infrastruktur ist es möglich, auch ohne die Geschäftsbankeninfrastruktur Smart Contracts auf einem neuen digitalen Level umzusetzen. An genau dieser Stelle trifft das Konzept von programmierbarem Geld auf das anfangs erwähnte Problem des Double Spendings.

Dabei geht es um die Herausforderung, dass im digitalen Raum alle Informationen beziehungsweise Dateien beliebig oft kopierbar sind. Mit nur einem Klick kann man eine Foto- oder Textdatei unbegrenzt oft replizieren. Wo mangelnder Kopierschutz im Internet nicht in jedem Fall folgenschwere Konsequenzen hat, sieht die Sache bei Geld ganz anders aus. Das digitale Geld würde sofort seinen Wert verlieren, sobald jemand auf die Idee käme, die digitalen Geldeinheiten nach eigenem Belieben erfolgreich zu vervielfältigen. Genau dieses Dilemma hat die bekannteste Kryptowährung Bitcoin gelöst und damit den

Grundstein für programmierbares Geld gelegt. Mithilfe von Verschlüsselungstechnologie (Kryptografie) und einer dezentralen IT-Infrastruktur können digitale Einheiten, sogenannte Token, erzeugt werden. Diese lassen sich nicht vervielfältigen und fungieren als Platzhalter in einem dezentralen Kontenbuch wie einer Blockchain oder einer anderen Form einer dezentralen Datenbank. Durch eine Blockchain, also eine Kette von virtuellen Blöcken, in denen die Transaktionen abgespeichert und dezentral auf viele Rechner verteilt sind, entsteht der angesprochene Kopierschutz. Die Transaktionshistorie ist durch die dezentral verteilten und transparent einsehbaren Blöcke mit den Transaktionsinformationen nicht mehr veränderbar. Sollte jemand einen Manipulationsversuch wagen, dann müsste dieser Angreifer mehr als 51 Prozent des Netzwerkes unter seine Kontrolle bringen. Bei einem wirklich dezentralen Protokoll sorgt dieser Umstand für ein sehr hohes Maß an Sicherheit. Erstmalig schafft man es so, rein digital existierende Einheiten knapp beziehungsweise limitiert zu halten. So kann es bei Bitcoin nur maximal 21 Millionen Einheiten geben – wie im Whitepaper[5] festgeschrieben.

Auch wenn Zentralbanken – der Name sagt es bereits – nicht dezentral sind, können sie sich trotzdem der Blockchain-Technologie bedienen, um programmierbare Geldeinheiten von Euro, US-Dollar etc. zu erzeugen. Die Notenbank behält in diesem Fall die volle Kontrolle über das Geld und kann es per Knopfdruck vervielfältigen – und sie kann ausschließen, dass es außer ihr noch andere Akteure gibt, die dazu in der Lage sind, wie in Kapitel vier noch ausführlich erläutert wird. Einige Start-ups, Banken und Unternehmen, die sich mit digitalem Geld auseinandersetzen, sind da schon einen Schritt weiter. So existieren heute bereits unterschiedliche private digitale Währungen und private Transaktionsinfrastrukturen, die auf der Blockchain-Technologie basieren. Geld, das in intelligente Verträge und Infrastrukturen eingebunden ist, wird in der Praxis schon ausgiebig getestet[6] und weiterentwickelt.

DAS WEB 3.0 – DER VERSUCH EINER RE-DEZENTRALISIERUNG

Das ursprüngliche von der Bitcoin-Blockchain ausgehende Narrativ der Blockchain-Technologie ist nicht nur ein Gegenentwurf zum traditionellen Finanzsektor, sondern auch zur bestehenden Internetökonomie. Internetkonzerne wie Google, Meta und Amazon haben in den letzten Jahren eine beängstigende Größe erreicht und verfügen über gigantische Datenschätze. Dass Daten das Gold oder Öl des 21. Jahrhunderts sind, ist kein Geheimnis mehr. Wertschöpfung im Digitalen basiert vor allem auf der Fähigkeit, Daten zu sammeln und intelligent auszuwerten. Insbesondere die bekannten Silicon-Valley-Unternehmen sind in dieser Datenökonomie führend. Das Prinzip ist einfach: Sie sammeln, verifizieren und monetarisieren unsere Nutzerdaten, die wir im Tausch gegen Plattformdienstleistungen kostenlos zur Verfügung stellen. Die Nutzung von Facebook kostet uns also sehr wohl Geld, allerdings wird der Preis dafür für uns unsichtbar in Form von Daten entrichtet. Der Meta-Konzern hat aktuell rund 3,6 Milliarden Nutzer und Nutzerinnen[7] – die Dienste Instagram und WhatsApp gehören unter anderem ebenfalls dazu. Damit zählt Meta neben Google zu einer der größten Datenkraken. Mit jeder Datentransaktion, die wir im Internet durchführen, mit jedem veröffentlichten Bild, mit jeder neuen Nachricht wird das Datensilo des Internetkonzerns weiter angereichert. Mit zunehmender Relevanz der Daten, insbesondere durch künstliche Intelligenz, wird es wichtiger, dass wir die Kontrolle über diese immer wertvoller werdende Ressource behalten oder gar zurückgewinnen. Die Tech-Konzerne sind auf Nutzerdaten angewiesen wie Menschen auf Nahrung. Mit jeder weiteren Datentransaktion werden ihre Algorithmen ein Stückchen klüger und damit immer überlegener in ihrem Wissen über ihre Nutzer und Nutzerinnen, ergo uns. Den Zugang zu Daten neu zu strukturieren bedeutet also auch, künstliche Intelligenz zu regulieren, sofern ihre Wertschöpfung nicht exklusiv in der Hand weniger Akteure liegen soll. Ein Konzept, das genau dies versucht, also die bestehende starke Zentralisierung abzubauen und eine Re-Dezentralisierung auf die Nutzer und Nutzerinnen selbst anzustoßen, ist die Blockchain-Ökonomie. Unter der Prämisse, dass sich Daten immer stärker zu einer neuen Form von Geld entwickeln, kann man von einem technologisch getriebenen Umverteilungskonzept sprechen.

Die Idee sieht dabei wie folgt aus: Sämtliche Internetdienstleistungen können auch durch ein Blockchain-Protokoll abgewickelt werden – ein Regelwerk, an das sich alle Teilnehmer halten müssen. Das Blockchain-Protokoll kann man sich ein wenig vorstellen wie die Spielregeln bei einem Kartenspiel, bei dem es keinen Schiedsrichter oder Spielleiter gibt. Die Teilnehmer gleichen dabei jeden Spielzug, ergo jede Transaktion, mit dem Regelwerk ab. Bei Verstößen gegen das Regelwerk wird eine Transaktion durch die Mehrheit der Teilnehmer untersagt. Natürlich geschieht dies im Gegensatz zu einem Kartenspiel alles automatisiert durch Software-Programme, die diesen Abgleich mit den Spielregeln vornehmen. In diesem dezentralen Netzwerk gibt es also nicht eine Betreiberfirma wie Amazon, die die volle Datenhoheit besitzt, sondern die Gesamtheit aller Teilnehmer wickelt die Transaktionen ab. Das dezentral organisierte Kollektiv der Nutzer und Nutzerinnen kümmert sich selbst um die Abwicklung seiner Daten, anstatt dies dem jeweiligen Tech-Konzern oder einer Organisation zu überlassen. Der Besitz der Daten bleibt dezentral beim Nutzer, da Transaktionen nicht auf zentralen Datenbanken abgespeichert respektive abgewickelt werden. Zwar wird das jeweilige Blockchain-Protokoll auch von einem Unternehmen oder einer Organisation entwickelt, diese hat aber – sofern es sich um ein wirklich dezentrales Projekt handelt – nicht die Datenhoheit. Dies würde nicht nur der Privatsphäre der Nutzer und Nutzerinnen entgegenkommen, sondern auch der Monetarisierung. Perspektivisch kann der Nutzer selbst entscheiden, ob er nicht nur gegen Dienstleistungen, sondern auch gegen Geld bereit ist, Daten abzugeben.

Aktuell sind diese dezentralen Ansätze allerdings chancenlos gegen die bestehenden Konzernangebote. Die Blockchain-Alternativen besitzen kaum Nutzer und Nutzerinnen und auch in puncto Benutzerfreundlichkeit und Angebot hinken sie den Plattformgiganten noch weit hinterher. Ein simples Beispiel ist der Brave Browser.[8] Dieser Internetbrowser ermöglicht genau wie der Browser von Google (Chrome) das Surfen im Internet. Allerdings werden Nutzer und Nutzerinnen unter anderem für das Ansehen von Werbung bezahlt. Sofern der Adblocker ausgeschaltet ist, kann man sich für Werbeeinblendungen in Form der eigenen Kryptowährung namens BAT bezahlen lassen. Die Werbeeinnahmen gehen nicht vollumfänglich an Google, sondern man erhält selbst einen Teil davon. Auch wenn das Beispiel des Brave Browsers noch weit von den dezentralen Idealen einer Blockchain-Ökonomie entfernt ist, zeigt dieses simple Beispiel dennoch, wie die Monetarisierung von Nutzerdaten bereits heute in Teilen re-dezentralisiert werden kann.

Kurz- bis mittelfristig ist es allerdings deutlich wahrscheinlicher, dass die Blockchain-Technologie den Internetkonzernen mehr nützen als schaden wird. Schließlich ist es durch den Netzwerkeffekt schwierig, das Quasi-Monopol der Internetgiganten durch dezentrale Alternativen anzugreifen. Stattdessen wissen Meta und Co. die Technologie zu ihrem eigenen Vorteil zu nutzen, um ihre eigene Wertschöpfung zu erweitern und ihre Abhängigkeit von Finanzdienstleistern zu reduzieren. Anstatt nur die Daten ihrer Nutzer und Nutzerinnen zu kontrollieren, können sie mithilfe der Blockchain zu den größten Finanzdienstleistern der Welt aufsteigen. Es geht um nichts Geringeres als den Aufbau eines eigenen Transaktionsnetzwerkes, das unabhängig von der Geschäftsbankeninfrastruktur funktioniert. Durch immer bessere Algorithmen wären sie so perspektivisch den

Hausbanken der Nutzerinnen und Nutzer überlegen. Nicht nur verfügt Meta über viel mehr Informationen und kann diese viel besser auswerten, auch kontrolliert Meta via Facebook, Instagram oder WhatsApp die Vertriebskanäle. Wenn man also plant, zu heiraten, ein Haus zu bauen oder im Sommer in die USA zu reisen, dann wird Meta dies vor der eigenen Hausbank erfahren. Infolgedessen ist Meta besser als jeder andere traditionelle Finanzdienstleister in der Lage, seinen Nutzern und Nutzerinnen maßgeschneiderte Finanz- oder Versicherungsprodukte anzubieten. Statt nur für andere Dienstleister zu werben, könnte Meta auch eigene Produkte platzieren.

Mit Blick auf den Vertrieb von Waren verfolgt Amazon bereits genau diesen Ansatz. Anstatt nur die Produkte von Amazon-Verkäufern zu listen, hat der Konzern aufgrund seiner Datenexpertise eigene Produkte entwickelt. Da Amazon die Bedürfnisse seiner Nutzer und Nutzerinnen besser kennt als jeder Amazon-Verkäufer, hat es die Produktkategorie »Amazon Basics«[9] eingeführt. Dabei handelt es sich um sehr gut laufende Standardprodukte, die Amazon unter eigener Flagge herstellt und bevorzugt auf seiner Plattform vertreiben kann. Letztlich findet damit nichts anderes statt, als die eigene Wertschöpfungskette zu erweitern. Blickt man auf die Marktkapitalisierung der großen Plattformkonzerne, dann wird einem schnell bewusst, dass ein Wachstum der Unternehmen und ihrer Aktienkurse langfristig nur noch durch Erschließung neuer Märkte und die Ausweitung der jeweiligen Wertschöpfungskette möglich ist. Der Börsenwert von Apple, Microsoft, Alphabet (Google), Amazon, Tesla und Meta ist jeweils so hoch wie das Bruttoinlandsprodukt (BIP)[10] eines großen Landes. Die Unternehmen wären allesamt unter den G20-Staaten, wenn man ihre Marktkapitalisierung mit dem BIP gleichsetzen würde. Natürlich hinkt dieser Vergleich etwas, dennoch zeigt er eindrucksvoll, welche marktbeherrschende Stellung jedes einzelne dieser Unternehmen bereits besitzt.

DIE GESCHEITERTE META-STRATEGIE – KONZERNGELD AUF UMWEGEN

Im Jahr 2018 begann Meta – damals Facebook – mit dem Versuch, ein Blockchain-Konstrukt zu entwickeln. Ein vom Unternehmen unabhängiger Verband, die Libra Association, wurde damals mit der Aufgabe betraut, eine neue digitale Weltwährung – Libra – zu entwickeln. Diese sollte die führenden Zentralbankwährungen US-Dollar, Euro, Britisches Pfund etc. in sich vereinen – eine Art Superwährung also. Unter dem Motto »Banking the unbanked« sollte die neue Superwährung für alle Menschen auf der Welt nutzbar sein – auch für jene, die kein Bankkonto und damit keinen Zugang zu Bankinfrastrukturen besitzen – laut Weltbank[11] immerhin über 1,7 Milliarden erwachsene Menschen. Dieser Ansatz löste allerdings derart große Bedenken bei den Staaten aus, dass die regulatorische Gegenwehr das Projekt zum Umlenken zwang. Währungshüter auf der ganzen Welt sahen durch die private Kryptowährung ihr Geldmonopol gefährdet. Als Konsequenz wurde Libra zum 30. November 2020 in Diem umbenannt[12] und die Idee der Superwährung an den Nagel gehängt. Anstatt eines Währungskorbs sollte die Kryptowährung ab sofort nur noch eine einzelne Fiatwährung, vorerst den US-Dollar, abbilden. Konkret war damit ein sogenannter Stablecoin gemeint. Stablecoins zeichnen sich dadurch aus, dass sie versuchen, den Kurs eines Basiswertes möglichst eins zu eins nachzubilden. Ein Diem-Krypto-Token sollte sodann also einem US-Dollar entsprechen. Wie der englische Name suggeriert, handelt es sich durch die Bindung an den US-Dollar um eine besonders »stabile Münze«. »Normale« Kryptowährungen wie Bitcoin oder Ether – die zweitgrößte Kryptowährung nach Bitcoin – schwanken hingegen stark.

Die Schaffung einer Kryptowährung ohne *Bezug* zu den genannten Fiatwährungen wäre zur Spekulation verurteilt und würde höchstwahrscheinlich nicht als Bezahlmedium funktionieren. Vielmehr würde eine solche Kryptowährung dem Wesen einer Aktie oder eines Edelmetalls wie Gold entsprechen. Anstatt damit tagtäglich zu bezahlen, würden die meisten Nutzer und Nutzerinnen auf eine Wertsteigerung hoffen. So hat die Vergangenheit gezeigt, dass Kryptowährungen wie Bitcoin in erster Linie als Wertspeicher und Spekulationsobjekt und nicht als Bezahlmedium genutzt werden.[13] Aktuell gibt es nur wenige Gründe, warum man in einer entwickelten Volkswirtschaft mit Bitcoin an der Ladentheke bezahlen sollte. Nicht nur weist der Bezahlvorgang als solcher Hindernisse auf – eine Rückbuchung wie bei einer Lastschrift ist zum Beispiel nicht möglich –, auch halten die Kursschwankungen den Bitcoin-Besitzer davon ab, mit der Kryptowährung zu bezahlen. Man hofft auf Kurssteigerungen, weshalb man nur ungern bereit ist, Bitcoin für Dinge des täglichen Bedarfs auszugeben. In diesem Punkt sind sich Bitcoin und Gold sehr ähnlich. Man besitzt sie, um sein Vermögen abzusichern oder mit ihnen Finanzspekulationen durchzuführen, aber nicht, um damit beim Bäcker seine Brötchen zu bezahlen.

Vor diesem Hintergrund erschien für die am Konsortium beteiligten Unternehmen ein US-Dollar-Derivat die letzte Möglichkeit zu sein, das Projekt überhaupt noch zum Laufen zu bringen. Neben Meta waren auch andere große Plattformunternehmen wie Spotify oder Uber an dem Konsortium beteiligt. Entsprechend groß war die Verlockung – denn zu den Meta-Nutzern und -Nutzerinnen wären zusätzlich auch noch Hunderte Millionen anderer Plattformnutzer und -nutzerinnen hinzugekommen. Gleichzeitig wären diese Konsortialunternehmen – die Anzahl sollte damals auf 100 beschränkt bleiben – die Betreiber der Finanzinfrastruktur gewesen. Vereinfacht gesagt hätten sie dann unabhängig von der Bankeninfrastruktur entscheiden können, wie eine potenzielle Nutzerschaft von über drei Milliarden Menschen zukünftig bezahlen und mit weiteren Finanzdienstleistungen konfrontiert werden würde.

Aus nachvollziehbaren Gründen ließ dieses pseudodezentrale Konstrukt die Alarmglocken bei Banken und Politik läuten, aber auch bei Verbraucherschützern und anderen zivilgesellschaftlichen Gruppierungen. Nie zuvor hatten Staaten so sehr vor einer privaten Währung gezittert wie vor »Facebook Coin«. Das Ergebnis: Der regulatorische Druck wurde so groß, dass sich Meta im Januar 2022 dazu entschloss, sich vom Diem-Stablecoin-Projekt ganz zu trennen.[14] Statt auf eine eigene Währung fokussiert sich Meta nun auf eigene Wallet-Lösungen. Die Wallet ist dabei so etwas wie eine digitale Brieftasche – vergleichbar mit einem Bankkonto bei einer Bank – und stellt für Meta den Dreh- und Angelpunkt der Geschäftsbeziehung dar. Eine eigene Währung wäre zwar ebenfalls attraktiv gewesen, um das volle Potenzial des eigenen Ökosystems auszunutzen, letztlich ist es aber die eigene Wallet, die über die Kryptozukunft von Meta entscheidet.

Und diese Zukunft nimmt ordentlich Fahrt auf. Mit der Umbenennung des Bezahldienstes »Facebook Pay« zu »Meta Pay« sollen zukünftig auch diverse Wallet-Funktionen folgen, wie der Meta-Chef Mark Zuckerberg im Juni 2022 verlauten ließ.[15] Erste Erfahrungen konnte der Konzern bereits mit dem Pilotprojekt der Novi-Wallet sammeln. Wenn auch inzwischen eingestellt, konnten Nutzer und Nutzerinnen aus den USA und Guatemala für mehrere Monate mithilfe des US-Dollar-Stablecoins Pax Dollar kostenfrei Geldbeträge versenden.

Den ersten kommerziellen Schritt, die Nutzer und Nutzerinnen an vermeintlich kostenlose Finanzdienstleistungen zu gewöhnen, hat Meta damit bereits erfolgreich getan. Perspektivisch könnte Meta damit auch ohne eigene Kryptowährung zu einem der größten Finanzdienstleister der Welt aufsteigen. Schließlich macht sich der Social-Media-Konzern durch derartige Krypto-Anwendungen immer unabhängiger von der traditionellen Bankeninfrastruktur. Gleichzeitig hält Meta an dem alten Slogan »Banking the unbanked« von Libra und Diem fest. So ist Meta besonders in den lateinamerikanischen Ländern, wie eben

Guatemala oder auch Brasilien, aktiv. Beispielsweise wurden im Januar 2022 Eintragungen im brasilianischen Handelsregister öffentlich, die einen Kryptobezug haben.[16] So möchte Meta in Brasilien Bitcoin und andere kryptowährungsbezogene Software und Hardware anbieten können. Zudem gibt sich das Unternehmen neuerdings offener und ist der Crypto Open Patent Alliance (COPA) beigetreten.[17] Dabei handelt es sich um einen Verband, dessen Mitgliedsunternehmen sich dazu bereit erklären, ihre Kryptopatente zur freien Nutzung zur Verfügung zu stellen. Das Unternehmen Meta versucht sich damit von dem hochgradig zentralistischen und exklusiven Diem-Projekt auch imagemäßig zu lösen. Der Initiator der COPA, Twitter-Gründer Jack Dorsey, begrüßt diesen Schritt, da er sich selbst stark für Blockchain-Geschäftsmodelle einsetzt. So ist der Silicon-Valley-Veteran als Twitter-CEO zurückgetreten, um sich ausschließlich um seinen Zahlungsdienstleister Square zu kümmern. Auch Square wurde genau wie Facebook inzwischen umbenannt und heißt nun Block. Der PayPal-Konkurrent setzt nicht nur mit dem neuen Namen Block, sondern auch durch das angestrebte Produktangebot voll und ganz auf die Krypto-Ökonomie.[18] So ziemlich jede Finanzdienstleistung möchte Dorsey perspektivisch durch hauseigene Krypto-Angebote abbilden.

Wie stark die Zukunft des Bezahlens von Kryptowährungen abhängt, zeigt sich an dem Konkurrenzkampf zwischen PayPal und Block. Beide Unternehmen bieten bereits den Kauf von Bitcoin und Co. an und machen keinen Hehl daraus, dass dies erst der Anfang sein soll. So wurde im Januar 2022 bekannt, dass PayPal auf den Spuren von Meta wandelt und an einem eigenen Stablecoin arbeitet.[19] Für den Zahlungsdienstleister mit über 350 Millionen Kundinnen und Kunden wäre ein solcher Stablecoin ebenfalls hochgradig interessant. Zum einen, um die anfallenden Transaktionskosten von mehreren Milliarden US-Dollar pro Jahr für sich und seine Kundinnen und Kunden zu reduzieren und sich von der Bankeninfrastruktur unabhängiger zu machen. Zum anderen, um seine Marktstellung als Bezahloption auszubauen und neue Geschäftsmodelle zu entwickeln.[20] Doch selbst, wenn auch PayPal in Zukunft von einem eigenen Stablecoin absieht, weil die amerikanische Zentralbank einen digitalen US-Dollar begibt oder bereits andere Stablecoins einen hohen Etablierungsgrad erreicht haben, wird die Infrastruktur voll und ganz auf die neue Krypto-Infrastruktur ausgelegt. Inzwischen lässt sich weltweit kein größerer Abwickler von Zahlungsdienstleistungen mehr finden, der nicht in irgendeiner Form mit den neuen Infrastrukturen experimentiert oder bereits kommerzielle Dienstleistungen anbietet. Zu nennen wären hier unter anderem die Zahlungsdienstleister Wordline (Europa), Stripe (USA), Paytm (Indien) oder Checkout.com (Großbritannien).

NEUE ÖKOSYSTEME, NEUES GELD

Bereits heute bieten alle großen Internet- und Tech-Konzerne wie Google, Apple, Samsung oder Amazon Bezahllösungen an, die das Einkaufserlebnis beim Internetshopping besonders bequem machen sollen. Wenn wir nicht zur beliebten Kreditkarte greifen, dann kommen in aller Regel PayPal oder die Bezahllösungen der genannten Akteure zum Einsatz. Stablecoins und Wallets sind der nächste konsequente Schritt der bestehenden Bezahlangebote. Statt der alten Finanzinfrastruktur wird eine neue etabliert – die Token-Infrastruktur. Es passt zum Zeitgeist, das Smartphone-Banking, die Echtzeitabwicklung und 1-Klick-Lösungen weiter auszubauen. Für die Internetkonzerne ist dies eine riesige Chance, da sie ihre Stärken ausspielen können, sobald es zu digitalen Bezahlvorgängen mit dem Smartphone kommt. Die Funktion, als Zahlungsdienstleister zu fungieren, dient dabei nur als Mittel zum Zweck. Soll bedeuten: Es geht weniger darum, mit den Transaktionen Geld zu verdienen, wie es gegenwärtig bei den Banken und Kreditkartenanbietern der Fall ist. Im Fokus steht vielmehr der effiziente Vertrieb eigener Produkte oder die Werbeschaltung für andere Unternehmen. Schließlich ist Werbung die Haupteinnahmequelle von Meta oder Google. Entsprechend groß ist hier der Anreiz, das Klick- beziehungsweise Kaufverhalten der Nutzerschaft maximal zu optimieren. Die Wertschöpfung im Zahlungsverkehrssektor entfernt sich damit immer stärker von der eigentlichen Transaktion, deren Kosten immer weiter sinken – und damit auch die Margen der Finanzintermediäre. Schließlich sind die Dienstleistungen von Meta oder auch Google umsonst, da der Nutzer oder die Nutzerin selbst das Produkt darstellt. Die Verweildauer und Klicks der Nutzer und Nutzerinnen machen Meta und Google zu den größten Vertriebsplattformen der Welt. Im Idealfall verlassen Nutzer und Nutzerinnen das Plattformökosystem nicht mehr. Selbst dann nicht, wenn er auf vollkommen fremden Anbieterseiten unterwegs ist, aber zur Verifizierung oder zum Bezahlen auf die Dienste der aufgeführten großen Plattformkonzerne zugreift. Dieser »Ökosystemansatz«, wie ihn die Plattformökonomie forciert, wird durch Token-Infrastrukturen weiter ausgebaut. Nutzer und Nutzerinnen können so durch Anreizsysteme wie Cashback oder »Punkte sammeln« für Rabatte sowie Dienstleistungen und Waren noch stärker an das eigene Netzwerk gebunden werden. Auch kann man sie in begrenztem Maße an dem Netzwerk partizipieren lassen, indem man an die Token bestimmte Zugangsberechtigungen knüpft oder gar die Nutzer und Nutzerinnen an der Netzwerkprosperität beteiligt. Der Fantasie der Programmierer sind nur wenige Grenzen gesetzt. Mit Blick auf die Privatsphäre machen derartige Konzernwährungen die Nutzer und Nutzerinnen gegenüber den Unternehmen und den Staaten allerdings gläserner als je zuvor. Es ist davon auszugehen, dass die Konzern-Blockchains sämtliche Identitätsinformationen erfassen, um anonyme Transaktionen zu unterbinden. Nicht ohne Grund sehen daher auch Verbraucherverbände und Bürgerbewegungen[21] große Gefahren in Konzernwährungen wie dem ehemaligen Diem-Projekt.

Es müssen aber nicht nur Tech-Konzerne und Plattformunternehmen sein, die von der Blockchain-Technologie im Finanzsektor profitieren. Wichtiger ist in vielen Fällen das Vorhandensein einer großen Kundenbasis, mit der man regelmäßig interagiert und über die man entsprechend viel weiß. Konzerne und Internetplattformen mit einer solchen großen Kundenbasis haben gute Voraussetzungen, ihre Wertschöpfungskette durch Token-Ökosysteme zu expandieren. Ganz besonders zeigt sich dies an der größten Einzelhandelskette der Welt: Walmart. Mit über zwei Millionen Mitarbeiterinnen und Mitarbeitern ist Walmart nicht nur der größte private Arbeitgeber der Welt, sondern auch der umsatzstärkste. Kein Einzelhandelsunternehmen der Welt wickelt mehr Transaktionen ab als Walmart.[22] Jeden Tag finden also viele Millionen von Transaktionen in den Walmart-Ketten statt, an denen Banken und Kreditkartenbetreiber Millionen verdienen. Nicht nur um an dieser Stelle Kosten einzusparen, sondern auch um das Budget der Kundschaft besser »abzuschöpfen« hat Walmart 2019 ein Patent für eine eigene Kryptowährung eingereicht. Laut dem Patentantrag[23] »*System and Method for Digital Currency via Blockchain*« soll die digitale Währung ein Stablecoin werden, der primär an den US-Dollar gebunden ist. Dass man sich für einen Stablecoin entscheidet, ist gut nachvollziehbar. Schließlich soll die Kundenerfahrung so einfach wie möglich bleiben und nicht durch Umrechnung erschwert werden. Wie die Konzernwährung genauer ausgestaltet ist und wann diese kommen soll, wenn es überhaupt dazu kommt, ist noch unklar. Der Konzern hält sich bislang in der Öffentlichkeit bedeckt. Es scheint, als wolle man die harten regulatorischen Kämpfe mit den Behörden, wie sie Meta in der Vergangenheit austrug, vorerst meiden. Das Potenzial, ein eigenes Finanzökosystem zu schaffen, das maximal effizient auf den

Konsum der Kundschaft ausgerichtet ist, spricht allerdings dafür, dass Walmart seine Kryptopläne nicht einfach an den Nagel hängen wird. So dürften es einige Milliarden von US-Dollar sein, die Walmart durch die Umstellung auf ein eigenes Transaktionsabwicklungssystem sparen könnte. Bei durchschnittlichen Kreditkartengebühren von ungefähr zwei Prozent[24] kommt bei einem jährlichen Walmart-Umsatz von über 500 Milliarden US-Dollar einiges zusammen. Zumal Kreditkarten in den USA das Zahlungsmittel Nummer eins sind. Knapp 40 Prozent aller Einkäufe werden mit der Kreditkarte abgewickelt.[25]

Wichtiger als die Kostenersparnis sind die zusätzlichen Informationen über Kundinnen und Kunden und die maximale Ausnutzung der Vertriebskanäle. Dabei zielt Walmart vor allem auf die wachsende untere Mittelschicht in den USA ab. Gerade stark überschuldete Haushalte, die mit überzogenen Kreditkartenrahmen kämpfen und Schwierigkeiten haben, klassische Finanzdienstleistungen in Anspruch zu nehmen, sind eine besonders attraktive Kundengruppe. Denn auf diese Weise würde der gewährte Konsumkredit direkt im eigenen Einzelhandel ausgegeben. Gleichzeitig könnten durch token-basierte Bonusprogramme gezielte Incentive-Kampagnen für Kunden und Kundinnen bzw. Mitarbeiter und Mitarbeiterinnen durchgeführt werden. Wer die hauseigene Wallet oder den entsprechenden Stablecoin nutzt, könnte einen Rabatt auf seinen Einkauf erhalten. Auch ist im Patentantrag von Zinserträgen die Rede, die Besitzer des Tokens erhalten könnten. Was seit Jahren mit Kundenprogrammen beziehungsweise Punktesammelkarten wie Payback durchgeführt wird, würde mit einem eigenen Konzern-Währungssystem ein neues Level an Optimierung erfahren. Wie Amazon mit Amazon Pay kann Walmart damit nicht nur von einem eigenen Abwicklungsservice profitieren, sondern noch viel effizienter die Wertschöpfungskette im Finanzdienstleistungssektor abschöpfen.

KEY LEARNINGS

- Genau wie das Internet unsere Informations- und Kommunikationsinfrastrukturen verändert hat, trägt die Blockchain-Technologie als eine weitere Ebene dazu bei, unter anderem im Zahlungsverkehr übliche Wertetransaktionen programmierbar und automatisierbar zu machen.

- Unsere Nutzerdaten nehmen immer stärker die Rolle von Geld ein. Eine dezentrale Datenverwaltung kann folglich eine Umverteilung von Wertschöpfung und Geld bedeuten. Daraus ergibt sich die Frage, ob unsere Internetökonomie redezentralisiert werden kann. Im Mittelpunkt dieses Verteilungskonfliktes stehen unter anderem Akteure wie Google, Meta oder Amazon, die unter zentraler Kontrolle Daten sammeln, verifizieren und monetarisieren.

- Die großen Tech-Konzerne und Plattformunternehmen zielen auf die Wertschöpfung des traditionellen Finanzsektors ab. Dabei geht es weniger um Transaktionsentgelte als um ein vertriebsorientiertes und gut kontrollierbares Ökosystem.

- Kryptoprojekte von Konzernen sind bislang nicht mit tatsächlich dezentralen Blockchain-Projekten wie Bitcoin vergleichbar. Auch lassen sie jegliche Privatsphäre vermissen. Entsprechend nachvollziehbar waren auch die Bedenken gegen den damaligen Facebook Coin.

2

DIE TOKENISIERTE ÖKONOMIE — DER SIEGESZUG EINES NEUEN MEDIUMS

Die Wertschöpfung in der Musikindustrie war in den letzten Jahrzehnten mit dem Wechsel der Tonträgermedien beständigen Veränderungen unterworfen. Der Wechsel von der Schallplatte zur CD funktionierte noch recht simpel. So war die CD in der Lage, deutlich platzsparender mehr Musikdateien abzuspeichern. Ein effizienteres Trägermedium löste also ein weniger effizientes ab. Wirklich spannend wurde es allerdings, als man eine Entmaterialisierung von Tonträgern durchführte. Mithilfe bestimmter Hardware wie MP3-Playern oder Computersystemen war man in der Lage, ganz ohne physisches Trägermedium Musik zu speichern, abzuspielen und über das Internet zu versenden. Die Wertschöpfung hatte sich von physischen Limitationen entkoppelt. Die Kosten, einen Song zu vervielfältigen und um die Welt zu senden, tendierten plötzlich gegen null. Inzwischen befinden sich unsere entmaterialisierten Musikdateien nicht mal mehr auf unserer Festplatte, sondern immer häufiger in der Cloud bei Streamingdiensten wie Spotify. Musik kann damit beliebig in sämtliche digitale Infrastrukturen eingebettet beziehungsweise programmiert werden. Die skizzierte Wandlung des Tonträgers im Laufe der Jahre lässt sich in vielerlei Hinsicht auch auf das Medium Token anwenden. Token fungieren als digitale Platzhalter innerhalb einer Datenbank oder einer Blockchain. Anstelle von Tonträgern geht es bei Token aber um »Werteträger«, die entsprechende Eigentumsansprüche und Rechte verbriefen. Äquivalent zu Schallplatten und CDs stellen urkundliche Wertpapierverbriefungen und elektronisches Buchgeld ein Beispiel für die Disruption durch das neue Medium Token dar.

Die Aufbewahrung und Transferierung von Werten beziehungsweise Vermögen kann durch das Internet of Value und Token weiter automatisiert werden. In der Folge stellt sich also die Frage: Wo benötigt man noch Bankmitarbeiterinnen und Bankmitarbeiter und was kann kluge Software, kombiniert mit einer vertragsrechtlich sicheren Infrastruktur, deutlich besser? So sieht der Job-Futuromat – ein Kooperationsprojekt der

Bundesagentur für Arbeit und der ARD[1] – für den Beruf des Bankkaufmannes schwarz. Die Digitalisierbarkeit beziffert man auf 88 Prozent – sieben von acht Tätigkeiten stuft man als substituierbar ein. Ebenjener Automatisierungsprozess wird allerdings stark durch die teils veraltete IT-Infrastruktur[2] und regulatorische Auflagen gebremst. Viele Handgriffe muss der Mensch noch manuell durchführen, wenn es um die Verwaltung der Finanzangelegenheiten geht. Bislang, so scheint es, kann sich das disruptive Potenzial der Digitalisierung nur mühsam im Finanzsektor ausbreiten. Was nützen die klügsten Algorithmen, wenn beispielsweise Kreditverträge, Versicherungen, Euro-Guthaben und Wertpapiere nicht programmierbar sind? Um Prozesse weiter zu automatisieren, müssen auch Vermögenswerte in Programmcode eingebettet und damit smart-contracts-fähig gemacht werden. Dies wird umso wichtiger, wenn es immer seltener die Menschen selbst sind, die Transaktionen ausführen, sondern Maschinen respektive Software. Die drei Eigenschaften »Vernetzung«, »Automatisierung« und »Autonomie« prägen dabei maßgeblich unsere zukünftige Wertschöpfung.

Mit unserer aktuellen Bankeninfrastruktur und unserem gegenwärtigen Geld ist diese Ökonomie allerdings nicht darstellbar. Warum ist das so? Um die Sicherheit beim Transfer und der Aufbewahrung von Vermögenswerten zu garantieren, hat sich eine exklusive IT-Infrastruktur von Banken etabliert, die hohe regulatorische Anforderungen erfüllen muss. Derart geschlossene Systeme bieten weder Anreiz für Innovation noch sind sie gegenüber anderen IT-Infrastrukturen offen.[3] Die Geschäftsbankeninfrastruktur ist kaum mit einer vernetzten und dezentralen Ökonomie vereinbar. Damit diese funktionieren kann, müssen Werteinheiten auch ohne das Zutun von Mittelsmännern wie eben Banken für unterschiedliche Transaktionsarten programmierbar und fungibel sein.

Eine Programmierbarkeit von Geld erreicht man durch die Tokenisierung, also die digitale Verkörperung von Geld,

Vermögenswerten, (digitalen) Gegenständen, Identitäten oder auch Rechten – Nutzungsrechte, Eigentumsrechte, Zugriffsrechte etc. – innerhalb einer Blockchain-Infrastruktur. So kann man einen Euro, eine Tesla-Aktie, einen Popsong, einen Personalausweis oder Nike-Turnschuhe durch Token verkörpern. Diese Token können unter anderem einen Eigentumsanspruch repräsentieren und innerhalb einer Blockchain-Infrastruktur gehandelt beziehungsweise ausgetauscht werden. Es findet also eine Entmaterialisierung statt, da sich der Wert in einer ausschließlich digitalen Einheit repräsentiert. Eine urkundliche Verbriefung, um Eigentum und Rechte zu definieren, wird damit, zumindest von technischer Seite, obsolet. Auch wenn erste Banken Token-Dienstleistungen anbieten[4], stellt dieser Transformationsprozess für viele traditionelle Finanzdienstleister eine Gefahr dar. Ihre bestehende Infrastruktur und die darauf basierende Wertschöpfung wird infrage gestellt.

Dabei hilft es, sich die exklusive Geschäftsbankeninfrastruktur wie ein Straßennetz vorzustellen. Die Betreiber der Straßen erheben eine Mautgebühr, sodass jeder, der von A nach B möchte, angehalten ist, diese Nutzungsgebühr zu bezahlen. Durch die Blockchain-Technologie geschieht nun Folgendes: Die jahrzehntelang für alternativlos gehaltene Straßeninfrastruktur wird durch neue Akteure herausgefordert. Direkt neben der Mauttrasse wird ein neues Straßennetzwerk gebaut, das nicht nur deutlich besser angeschlossen ist, sondern auch einen deutlich günstigeren und schnelleren Transport von A nach B ermöglicht.

Eine typische Dienstleistung, die auch in der kommerziellen Praxis bereits angeboten wird, sind die Verwahrung und der Handel von Token. Dabei kann es sich um Kryptowährungen wie Bitcoin oder digitale Wertpapiere wie eine Unternehmens-Anleihe handeln. Anstatt ein Unternehmen durch eine traditionelle Wertpapierverbriefung abzubilden, kann dies durch sogenannte Security Token oder Kryptowertpapiere, also Wertpapier-Token, umgesetzt werden. Der Unterschied zwischen Security Token und Kryptowertpapieren besteht in der Regulierung. Letztere sind extra für den Anwendungsfall auf der Blockchain konzipiert. Im Laufe dieses Jahrzehntes ist damit zu rechnen, dass jedes Wertpapier, ganz gleich, ob Aktie, Anleihe oder Fonds, ausschließlich durch einen Token abgebildet wird. Technisch ist dies bereits heute schon problemlos möglich, allerdings fehlt es an vielen Stellen an den regulatorischen Voraussetzungen. Um dies zu ändern und die eigene Wettbewerbsfähigkeit zu schützen oder gar auszubauen, reagieren viele Länder mit Gesetzesanpassungen. Aus diesem Grund nehmen digitale Wertpapiere auch eine besondere Rolle in der Blockchain-Strategie der deutschen Bundesregierung ein, die Ende 2019 veröffentlicht worden ist.[5]

So regelt seit Sommer 2021 das elektronische Wertpapiergesetz (eWpG)[6] in Deutschland den Umgang mit tokenisierten Schuldverschreibungen, auf dem wiederum die neue Gattung der Kryptowertpapiere basiert. Auch für tokenisierte Aktien ist bereits ein Regelwerk in Deutschland geplant, das sich bislang allerdings noch in der Mache befindet. Besonders weit ist man in puncto Kryptoregulierung im Fürstentum Liechtenstein. Hier hat man mit dem Blockchain Act[7,8] im Oktober 2019 eine besonders umfassende Rechtsgrundlage geschaffen, die noch einen Schritt weiter als die anderer Nationen geht. Das liechtensteinische Gesetz beschreibt Token dabei als digitale Container. Genauso, wie man in einem physischen Schiffscontainer Waren verstauen kann, kann man dies bei Token zum Beispiel mit digitalen Rechten tun, die so verkörpert und transportiert werden. Bereits heute ist damit auch die Emission von Eigenkapital in Form von Aktien in tokenisierter Form in Liechtenstein möglich.

EXKLUSIVITÄT ADE: WENN AUS GMBHS BÖRSENUNTERNEHMEN WERDEN

Die Absenkung der Grenz- und Transaktionskosten ermöglicht eine neue Dimension der Ökonomisierung: Alles wird – zumindest theoretisch – handelbar gemacht. Bislang waren Börsengänge Aktiengesellschaften vorbehalten, die es sich leisten konnten, den aufwendigen und teuren Prozess zu durchlaufen. Für ein kleines oder mittelständisches Unternehmen oder ein Start-up kamen Wertpapieremissionen oder gar öffentliche Börsengänge nur selten infrage. Während es in Deutschland beispielsweise über eine halbe Millionen GmbHs gibt, existieren nicht mehr als knapp 8.000 Aktiengesellschaften[9], von denen wiederum nur etwas mehr als fünf Prozent überhaupt an einer Börse frei gehandelt werden können.[10] Das bedeutet wiederum, dass das Gros aller deutschen Unternehmen nur eingeschränkten Zugang zum Kapitalmarkt besitzt. Bankkredite oder Private Equity beziehungsweise Wagniskapital sind nach wie vor die typischen Finanzierungsformen der kleinen und mittelständischen Unternehmen.[11] Zwar gibt es bereits seit mehreren Jahren Crowdinvesting-Plattformen, die sich manche Start-ups zunutze machen, dennoch lassen die Plattformen die unabhängige Handelbarkeit der Anteile und investorenfreundliche Rahmenbedingungen vermissen. Schließlich möchten Investoren eigenständige Wertpapiere erwerben, wie sie es auch von einer Daimler-Aktie gewohnt sind, die sie frei an einer Börse ihrer Wahl handeln können. Die bisherigen Crowdinvesting-Plattformen können diese Funktionen nicht bieten. Weder bekommt der Investor ein Wertpapier in sein Depot respektive Wallet gebucht, noch gibt es eine Anschlussfähigkeit an einen Sekundärmarkt, auf dem das Wertpapier gehandelt werden kann.

Ebenjene Probleme können digitale Wertpapieremissionen lösen, und das bei gleichzeitig minimalen Kosten für alle

Beteiligten. Schließlich kann die Blockchain-Technologie durch das Abschaffen manueller Prozesse die Zahl an Mittelsmännern reduzieren und den Automatisierungsgrad erhöhen. Diese digitalen Börsengänge werden analog zu einem traditionellen Börsengang (IPO) Security Token Offerings (STO) genannt. Dabei bietet ein Unternehmen digitale Wertpapiere in Form von Token an. Der Begriff »Börsengang« mag an dieser Stelle noch irreführend sein, da es gegenwärtig noch an einem ausgebauten Sekundärmarkt fehlt. In erster Linie handelt es sich dabei um eine Wertpapieremission (Primärmarkt) ohne einen nachgelagerten Börsenhandel (Sekundärmarkt). Regulierte Security-Token-Börsenplätze, wie sie unter anderem die Börse Stuttgart aufbaut[12], müssen sich in den nächsten Monaten und Jahren daher erst noch etablieren. Wie schnell die Umsetzung eines token-basierten Sekundärmarktes vonstattengeht, hängt dabei stark vom Gesetzgeber ab.

Wenn Investoren in der Lage sind, ihre erworbenen Wertpapiere problemlos an einer Börse zu handeln, erhöht diese Handelbarkeit das Investoreninteresse. Spätestens wenn die Gesetzgebung eine Übertragung von harten Unternehmensanteilen ermöglicht, können sich beide Parteien den Gang zum Notar sparen. Räumliche Einschränkungen und hohe Kosten werden so stark minimiert. Auch sind die Kosten für die Erzeugung eines eigenen Wertpapier-Tokens sehr gering, solange man kein öffentliches Angebot macht, um auch Kleinanleger anzusprechen. Schließlich bedarf es in Deutschland unter anderem eines sogenannten Wertpapierprospektes, um Wertpapiere nicht nur institutionellen und professionellen Anlegern anzubieten, sondern auch Kleinanlegern. Da es sich dabei um regulatorische Vorgaben des Gesetzgebers handelt, kann auch die Blockchain-Technologie an dieser Stelle noch keine Kosten senken.

Die Filetstücke im Anlagesektor sind oftmals institutionellen oder sehr vermögenden Investoren vorbehalten. Wagniskapitalfirmen (Venture Capital) oder Beteiligungsgesellschaften

(Private Equity) bieten Großinvestoren einen Zugang zu sehr attraktiven und günstig bewerteten Anlageobjekten, die nicht öffentlich handelbar sind. So ist es bequemer und kostengünstiger, ein Immobilienprojekt von 50 Millionen Euro über zehn Großinvestoren zu finanzieren als über 2.000 Kleinanleger. Genau diese Kluft kann eine Tokenisierung in Teilen reduzieren. Niedrigere Kosten bei einem höheren Automatisierungsgrad durch Smart Contracts erlauben wiederum, kleine Ticketgrößen wirtschaftlich für alle Beteiligten abzubilden. Durch die Senkung der Transaktionskosten um nur wenige Prozent oder gar Prozentbruchteile kann eine bislang unwirtschaftlich zu erschließende Anlegergruppe attraktiv werden. Gleichzeitig kann dadurch die Liquidität am Markt erhöht werden, was die Preisfindung und die Kapitalallokation optimiert. Einige Security-Token-Offering-Plattformen werben daher mit nichts Geringerem als einer Demokratisierung von Private Equity.[13] Der Finanzmarkt wird im Idealfall zugänglicher für alle Akteure. Insbesondere kleine und mittelständische Unternehmen werden gestärkt, wenn GmbHs von den Vorteilen einer Aktiengesellschaft profitieren und Kleinanleger von den Möglichkeiten von Großinvestoren.

VORSICHT, VERWECHSLUNGSGEFAHR: NICHT JEDER TOKEN IST EIN WERTPAPIER

Durch die universelle Einsetzbarkeit von Token kam es, was Kleinanleger angeht, in der Vergangenheit zu großen Missverständnissen. Während es sich im zuvor beschriebenen Fall grundsätzlich um Wertpapiere handelt, haben sich unter Blockchain-Unternehmen Token-Emissionen herausgebildet, die rechtlich wie funktional keine Wertpapiere darstellen. Konkret geht es dabei um sogenannte Utility Token. Diese neue Form von Werteträgern hat 2017 einen regelrechten Hype ausgelöst und zum Entstehen einer Blase geführt.[14] Wie es dazu kam, skizziert folgendes Beispiel:

Nehmen wir einen Bauunternehmer, der Ihnen Baupläne von einem Freizeitpark zeigt. Auf den Zeichnungen und Abbildungen erkennen Sie beeindruckende Attraktionen wie Achterbahnen, Geisterbahnen und viele weitere Fahrgeschäfte, die versprechen, weltweit neue Maßstäbe zu setzen. Um dieses Projekt in die Realität umzusetzen, bedarf es natürlich jeder Menge Kapital. Bislang ist alles allerdings nur eine Idee auf dem Papier. Auch wurden noch keinerlei Absprachen oder Genehmigungen mit Behörden oder anderen Stakeholdern getroffen. Anstatt wie sonst üblich soll das Kapital aber nicht durch Kreditaufnahme oder Abgabe von Unternehmensanteilen geschehen – die Emission von Aktien oder Schuldverschreibungen ist also nicht geplant. Stattdessen soll das Geld eingesammelt werden durch Herausgabe von Gutscheinen beziehungsweise Tickets, die zur Nutzung der Fahrgeschäfte berechtigen. Sollte der Freizeitpark jemals fertig werden, könnten so die vermeintlichen Investoren besonders günstig die Fahrgeschäfte nutzen. Schließlich wird davon ausgegangen, dass bei Fertigstellung des Freizeitparks die Nachfrage so hoch sein wird, dass die Ticketpreise durch die Decke gehen. Das Besondere an diesem Vorgehen ist, dass diese Ticketansprüche auch an Börsen gehandelt werden können. Sollten also die Erwartungen an den Freizeitpark weiter steigen, dann haben Sie die Möglichkeit, Ihre Nutzungsrechte an andere weiterzuverkaufen respektive zu handeln. Auf diese Weise ist es wie beim Aktienhandel möglich, Handelsgewinne zu realisieren.

Ersetzen wir das Wort »Ticket« durch »Utility Token« und den Begriff »Freizeitpark« durch »Blockchain-Projekt« oder »Plattform«, dann wird schnell klar, worum es bei dem sogenannten ICO-Hype 2017 und 2018 ging. Initial Coin Offerings (ICOs) sind analog zu IPOs als Börsengänge zu verstehen. Anstatt Aktien herauszugeben, geben Blockchain-Projekte ihre eigenen Token heraus, um Gelder einzusammeln. Im Gegensatz zu Security Tokens oder Kryptowertpapieren erwerben die

Geldgeber allerdings keine Investorenrechte. Folglich wurden im ICO-Hype Milliarden durch Nutzungsrechte (Utility Token) eingesammelt, die weitestgehend nutzlos waren. Schließlich existierten die meisten Blockchain-Anwendungsfälle nur auf dem Papier beziehungsweise als sogenanntes Whitepaper. In einem solchen Whitepaper, das im Gegensatz zu einem Wertpapierprospekt vollkommen willkürlich sein kann, wurden die zukünftigen Anwendungen beschrieben und erklärt, wie das »eigene Geld« im Rahmen des eigenen Ökosystems funktioniert und mit den Anwendungen einhergeht.

Anstatt einer Achterbahnfahrt wie in unserem Echtwelt-Vergleich können dies unterschiedlichste Dienstleistungen sein, beispielsweise das Erwerben von fremder Rechnerleistung, um anspruchsvolle Grafikarbeiten durchzuführen oder Teil eines dezentralen sozialen Netzwerks zu werden. Im Gegensatz zu dem Freizeitpark, der nicht ohne einen zentralen Betreiber funktioniert, sollten die Blockchain-Projekte so ausgelegt sein, dass sie auch ohne eine zentrale Instanz auskommen. Nach diesem theoretischen Idealbild entwickelt die »Betreiberfirma« lediglich ein Computerprotokoll, eine Art Regelwerk, nach dem sich die Nutzer und Nutzerinnen richten. Ziel ist, dass es zukünftig die Nutzergemeinde ist, die das Blockchain-Netzwerk betreibt und im Gegenzug von den Einnahmen profitiert. Die Utility Token dienen also nicht nur als Bezahlmittel beziehungsweise programmierbares Geld, sondern auch als Incentives für die Teilnehmer, um ein dezentrales Netzwerk aufrechtzuerhalten. Als Vorlage hinter diesem dezentralen Organisationsprinzip steckt Bitcoin. Denn hinter Bitcoin steht keine Bank und kein Staat, sondern die Gemeinschaft an Teilnehmern. Was sich vielversprechend anhört und bei Bitcoin auch einigermaßen gut funktioniert, ist bei den meisten Blockchain-Projekten aus den Jahren 2017 bis 2019 nicht über Wunschdenken hinausgekommen. Die meisten neuen Wertschöpfungs- und Interaktionsmechanismen haben es bei Blockchains bislang nur selten in die kommerzielle Praxis geschafft.[15] Es mangelt zum einen an Usability (Anwenderfreundlichkeit), zum anderen fehlen Schnittstellen zu bestehenden IT-Infrastrukturen. Auch steht die spekulative Funktion eines Utility Token seiner Benutzung im Wege. Schließlich wird man als Verbraucher dazu tendieren, einen Token nicht für eine Dienstleistung auszugeben, wenn er in einem Monat möglicherweise doppelt so viel wert ist. Der Mangel an Wertstabilität beziehungsweise die hohe Schwankungsanfälligkeit unterminiert die Bereitschaft, mit Token zu zahlen, und verführt gleichzeitig zur Spekulation. Dadurch haben sich Utility Token in der Praxis zu Pseudo-Wertpapieren entwickelt. Dies ist weder die Intention einer Blockchain-Anwendung noch durch gesetzlich zugeschriebene Investorenrechte gedeckt. Ein Grund, warum immer mehr Blockchain-Lösungen auf Token setzen, die Fiatwährungen wie Euro oder US-Dollar abbilden. Diese Stablecoins – wie eben auch von Meta ehemals vorgesehen – können den Spekulationscharakter eindämmen und damit die Zahlungsbereitschaft erhöhen.

Es gibt erst wenige Beispiele, wie Utility Token außerhalb der Spekulation auf Kryptobörsen für Dienstleistungen genutzt werden können. Die meisten dieser Utility Token bauen auf Blockchains auf, die im Gegensatz zu Bitcoin auf die Programmierung von Anwendungen spezialisiert sind. Die größte und bekannteste dieser Smart-Contracts-Plattformen ist die Ethereum-Blockchain. Man kann sich Ethereum dabei wie ein Betriebssystem vorstellen, das einen Standard ermöglicht, um dezentrale Anwendungen zu bauen, die wiederum auf einer Token-Infrastruktur aufsetzen. Um diese Anwendungen betreiben zu können, bedarf es wiederum der Ursprungskryptowährung der entsprechenden Plattform. Während Bitcoin am ehesten mit einem Edelmetall wie Gold vergleichbar ist und als sogenanntes digitales Gold in der Theorie eine Wertspeicherfunktion besitzt, bietet sich bei Kryptowährungen von anwendungsbezogenen Blockchains der Vergleich mit Rohstoffen an.

Bei dieser Analogie müssen wir uns die Blockchain als virtuelle Maschine vorstellen. Diese virtuelle Maschine kann genauso wie eine physische Maschine mit einem fossilen Energieträger betankt werden. Arbeit bedeutet in diesem Fall das Ausführen von Smart Contracts, also automatisierten Verträgen. Bei der Ethereum-Blockchain nennt man die dafür zum Einsatz kommende Kryptowährungs-Untereinheit daher auch »Gas«. Denn genauso wie man ein Auto mit Benzin tankt, muss man Kryptowährungen beziehungsweise Token besitzen, um Smart Contracts nutzen zu können. Keine Token, keine Transaktion. Auch auf die Förderung dieser digitalen Rohstoffe lässt sich die Analogie anwenden. So entstehen Förderkosten bei Bitcoin oder Ethereum nicht durch physisches Mining (z. B. Erdölbohrung), sondern durch digitales Mining.

Neben der Funktion als »digitaler Energieträger« spielen Token auch für die sogenannte Governance[16] einer Blockchain eine große Rolle. Würde man eine idealtypische Blockchain mit einem politischen System vergleichen, dann wären die Elemente »Direktdemokratie« und »Geld-Aristokratie« sehr präsent: Jeder kann sich an den Netzwerkentscheidungen beteiligen, und diejenigen mit mehr Token haben mehr Stimmgewicht. Der Zugang ist zwar egalitär, letztlich haben aber diejenigen das Sagen, die die meisten Token besitzen. Auch wenn es diverse Verfahren gibt, wie Konsensentscheidungen in so einem Netzwerk zustande kommen, ist der Proof-of-Stake-Mechanismus (Staking) am häufigsten vorzufinden. Wer dabei seine Token dem Netzwerk zur Verfügung stellt, um das Netzwerk abzusichern und gegebenenfalls Entscheidungen im Netzwerk mitzutreffen, wird im Gegenzug mit Staking-Erträgen belohnt. Der große Unterschied zum energieintensiven Proof-of-Work-Verfahren, das bei Bitcoin zum Einsatz kommt, ist, dass nur ein Bruchteil der Energie aufgewendet werden muss. Der Nachteil dieses deutlich umweltschonenderen Verfahrens ist allerdings, dass es in puncto Sicherheit und Dezentralität weniger leistungsstark ist.

Neben der Programmierbarkeit und der sogenannten Governance von Token, die neue Geschäftsmodelle ermöglichen, gibt es einen ganz elementaren, wenn auch etwas abstrakten Aspekt, auf dem das gesamte Versprechen der Token-Ökonomie aufbaut: die Knappheit im digitalen Raum. Damit ist gemeint, dass es mit der Blockchain-Technologie erstmals Eigentum bei ausschließlich digitalen ergo immateriellen Sachen geben kann. Es bedarf also keiner physischen Verbriefung (z. B. durch einen analogen Vertrag oder eine Urkunde), denn Token ordnen Besitzverhältnisse zu und ermöglichen durch ihre Limitiertheit die Entstehung von Wert. Folglich können auch digitale Welten noch stärker in unsere reale Wertschöpfung integriert werden. Dazu braucht es allerdings nicht nur austauschbare Kryptowährungen und Wertpapiere, sondern auch sogenannte Non-fungible Token, kurz NFT. Wie der Name schon suggeriert, können diese Token nicht beliebig ausgetauscht werden, da sie eine einzigartige Sache verkörpern. Während man homogene Güter, also eine 50-Euro-Banknote oder eine Daimler-Aktie, beliebig untereinander tauschen kann, geht dies bei einem Kunstwerk oder einer Internetdomain nicht. Ebenjene Einzigartigkeit versuchen NFT als Platzhalter auf einer Blockchain abzubilden. Ein personalisiertes Ticket, ein digitales Kunstwerk oder ein Kreditvertrag: Fast alles, was in der analogen Welt existiert, kann als eine Art digitaler Zwilling auch in der rein digitalen Welt durch NFTs abgebildet werden. Wohin dies noch führen kann, wird im letzten Kapitel dieses Buches ausführlicher erläutert.

Mit Blick auf die Token-Ökonomie bleibt festzuhalten: Ihre radikale Effizienz kann funktionieren, wenn das Ökosystem die notwendigen Marktstandards gewährleistet und die Token-Projekte entsprechende Voraussetzungen erfüllen. Da die Blockchain-Technologie in höchstem Maße abhängig von anderen Technologien wie dem Internet der Dinge, künstlicher Intelligenz, aber auch einem grundsätzlichen Grad an Digitalisierung ist, steigt deren kommerzielle Einsatzwahrscheinlichkeit in

Abhängigkeit zur Weiterentwicklung des technischen Umfelds. Die Voraussetzungen dafür werden nicht nur von der Privatwirtschaft geschaffen, sondern immer stärker auch vom Staat. Die meisten großen Nationen beziehungsweise deren Zentralbanken testen bereits digitales Geld.[17] Dadurch dürfte der Token im Laufe dieses Jahrzehntes nicht nur zum Standardmedium für Wertpapiere, sondern auch für Fiatwährungen wie Euro oder US-Dollar werden. Mit der oben angesprochenen Dezentralität und den dazugehörigen Governance-Prinzipien haben die staatlichen Versionen allerdings recht wenig gemeinsam.

KEY LEARNINGS

- Token schaffen ein neues Bewusstsein von Wert im digitalen Raum. Durch die darunterliegende Blockchain-Technologie ist es erstmals möglich, Knappheit und Besitz bei digitalen Gütern darzustellen, sodass Token die Grundlage für eine digitale Ökonomie bilden.

- Es gibt diverse Arten von Token, wobei sich der Begriff Kryptowährung nur bedingt als Oberkategorie eignet, da die Währungsfunktion nicht bei allen Token-Arten vorgesehen ist. Vor allem haben sich vier Kategorien herausgebildet: Kryptowährungen beziehungsweise Payment-Token (vergleichbar mit Gold im Sinne eines digitalen Assets oder einer Währung wie Euro oder Dollar), Utility Token (Nutzungsrechte wie Tickets oder Gutscheine), Security Token (Wertpapiere wie Anleihen) und, zuletzt neu hinzugekommen, die Non-fungible Token (Unikate wie Kunstwerke oder Internetdomains). Darüber hinaus gibt es noch spezifischere Token-Formen, wie unter anderem Stablecoins, die sich aus den oben genannten Kategorien zusammensetzen.

- Token können als rein digitales Trägermedium unter anderem Eigentum, Lizenzen oder Identitäten verkörpern. Im Zuge der Digitalisierung werden nun viele alte Trägermedien wie beispielsweise die urkundliche Wertpapierverbriefung entmaterialisiert und auf Token übertragen. Vor allem die verbesserte Handelbarkeit von Vermögenswerten verspricht neue Geschäftsmodelle und Kosteneinsparungen.

- Kernpfeiler der Token-Ökonomie sind offene und dezentrale Systeme, die auf neue Formen der Interaktion und Steuerung setzen. Dadurch soll eine fairere Wertschöpfung entstehen, um insbesondere die bestehenden Machtverhältnisse bei Internetplattformen und im Finanzsektor zu überwinden und neu zu ordnen. Vor allem kommen dabei in Programmcode eingebettete Verträge (Smart Contracts) zum Einsatz, die einen höheren Automatisierungsgrad erlauben und dabei helfen können, Mittelsmänner zu umgehen.

3

WENN GELD PROGRAMMIERBAR WIRD – WARUM KEIN WEG AN DIGITALEM ZENTRALBANKGELD VORBEIFÜHRT

Regierungen und Banken sind bekanntlich keine großen Freunde von Bitcoin und anderen dezentralen Währungen. Je dezentraler und anonymer, umso größer sind die Vorbehalte. Diese Haltung ist absolut nachvollziehbar. Schließlich kann ein dezentrales System von einer zentralen Autorität nicht so effektiv kontrolliert werden wie ein zentrales mit klar zuordenbaren Verantwortlichkeiten. Wenn sich eine Bank nicht an die Gesetze hält, dann findet eine Sanktionierung durch die staatlichen Regulierungsbehörden statt. Aber wie ist das beim Bitcoin? Wen kann man verantwortlich machen, wenn sich das Netzwerk nicht an geltende Regeln hält und zum Beispiel Terrorismusfinanzierung ermöglicht? Ein dezentral organisiertes Blockchain-Protokoll ist keine juristische Person, die man vor Gericht anklagen kann. Neben dem Problem der Verantwortlichkeit können Kryptowährungen und dezentrale Netzwerke auch einen hohen Privatsphäreschutz bieten, der ebenfalls dem staatlichen Bedürfnis entgegensteht, alle stattfindenden Transaktionen einem handelnden Individuum zuordnen zu können. Während Bitcoin nicht anonym, sondern nur pseudonym ist und Behörden es mit ein wenig Aufwand schaffen, die Personen hinter den Bitcoin-Adressen ausfindig zu machen, gibt es auch Kryptowährungen, wo dies nicht so einfach möglich ist. Sogenannte Privacy-Währungen wie Monero oder zCash bieten einen Grad an Anonymität, der es für Verfolgungsbehörden besonders schwer macht, die jeweilige Person aufzuspüren. Ein Narrativ, um die Bevölkerung von den schwer zu überwachenden Kryptowährungen abzuhalten, ist das der Kriminalisierung. So betonen staatliche Behörden immer wieder, dass Kryptowährungen vor allem für Geldwäsche, Terrorismusfinanzierung oder Steuerhinterziehung genutzt werden.[1] Allerdings gibt es bislang keine Beweise, dass Kryptowährungen stärker als Fiatwährungen – insbesondere in Form von Bargeld – für kriminelle Geschäfte genutzt werden.[2] Schlussendlich sorgt die transparente Natur der Blockchain dafür, dass alle Transaktionen einfach nachverfolgt werden können. Wer also versucht, mit Kryptowährungen Geldströme zu verschleiern, muss davon ausgehen, dass er über kurz oder lang auffliegt. Aus diesem Grund konnten in der Vergangenheit auch kriminelle Netzwerke von Verfolgungsbehörden überführt werden, nicht trotz Kryptowährungen, sondern weil diese Kryptowährungen genutzt haben.[3]

Damit befinden sich nicht nur die Kryptowährungen im Visier der staatlichen Institutionen, sondern auch Bargeld. Zumal durch den allgemein steigenden Digitalisierungsgrad immer mehr Menschen elektronisch mit ihrem Smartphone oder ihrer Debit- oder Kreditkarte zahlen.[4] Das Bargeld schafft sich also nach und nach auch ohne das Zutun des Staates selbst ab. Um diesen Prozess weiter zu beschleunigen, forcieren die meisten Staaten Bargeld-Bezahllimits.[5] Zusätzlich schafft man größere Stückelungen wie die 500-Euro-Banknote ab. Die als fortschrittlich geltenden skandinavischen Länder verzichten in einzelnen Regionen bereits heute schon fast ausnahmslos auf Bargeld.[6] Erschwerend kommt hinzu, dass die Bargeldbewirtschaftung teuer und ineffizient ist und Bargeld Viren und Bakterien übertragen kann, was seinem Ruf in der Corona-Pandemie noch weiter geschadet hat. Doch auch, wenn vieles gegen Bargeld spricht, erfüllt es nach wie vor wichtige Funktionen.[7]

Neben der Freiheit, anonym zu bezahlen und damit nicht seine Daten für jeden Kauf offenlegen zu müssen, können durch Bargeld auch Menschen ohne ein Bankkonto am Wirtschaftsleben teilnehmen. Neben der Inklusion spielt auch der Aspekt der Wertaufbewahrung eine wichtige Rolle. Bargeld ist für Privatpersonen die einzige Möglichkeit, Geld zu besitzen, ohne ein Bonitätsrisiko beziehungsweise Ausfallrisiko einzugehen. Das Geld, das wir auf dem Bankkonto halten, ist privates Geld, das von Geschäftsbanken geschaffen wurde und ihrem Bonitätsrisiko unterliegt. Für private Haushalte ist Bargeld die einzige Option, an Notenbankgeld zu gelangen und damit das Ausfallrisiko von Banken zu umgehen. Außerdem können Negativzinsen mit

Bargeld umgangen werden. Ohne die Möglichkeit der Bargeldaufbewahrung wird damit die ohnehin stattfindende Geldentwertung noch weiter verstärkt.

Wie treibt man also als Staat die Digitalisierung voran, wenn Kryptowährungen in den Augen mancher Behördenvertreter nur schwer zu kontrollieren sind und die Aversion gegenüber Bargeld zunimmt? Man gibt selbst eine vermeintliche Kryptowährung heraus. Unter dem Begriff CBDC – Central Bank Digital Currency – testen gegenwärtig die meisten Zentralbanken das neue »Geldmedium«.[8] Um das Bargeld zu digitalisieren, bedient man sich dabei der Token-Standards, wie man sie von den einschlägigen Blockchain-Protokollen kennt. Der Begriff »Blockchain« mag an dieser Stelle etwas irreführend sein, da eine Zentralbank schon dem Namen nach nur wenig mit der dezentralen und offenen Natur einer Bitcoin-Blockchain gemein hat. Statt Blockchain findet daher öfter auch der Begriff »Distributed Ledger Technology« Anklang – kurz: DLT. Dieser ist noch breiter gefasst und inkludiert auch IT-Systeme, die nur gewisse Aspekte der Blockchain-Technologie mit sich bringen. Das digitale Zentralbankgeld der Volksrepublik China, das zu Testzwecken bereits im Umlauf ist[9], basiert beispielsweise aktuell nicht auf einer Blockchain. Auch für andere Währungsräume ist nicht davon auszugehen, dass für CBDC eine Architektur zum Einsatz kommt, die man als Blockchain klassifizieren könnte. Der digitale Euro – auch E-Euro genannt – wäre demnach in Zukunft eine solche token-basierte Einheit, die von der Europäischen Zentralbank herausgegeben wird und voraussichtlich auf einer DLT-Infrastruktur basiert.

Digitales Zentralbankgeld kann also ganz unterschiedlich ausgestaltet sein. Vor allem unterscheidet man zwischen der sogenannten Wholesale und der Retail CBDC.[10] Ersteres würde unser gegenwärtiges Geldsystem weiter fortsetzen, da es nur die Banken betrifft, die zwischen den privaten Haushalten sowie Unternehmen und der Zentralbank stehen. Nur die Banken selbst hätten im Fall einer Wholesale CBDC Zugriff auf das digitale Zentralbankgeld. Da Kreditinstitute bereits heute elektronisches Zentralbankgeld halten können, würde sich nicht sonderlich viel ändern. Die Veränderungen wären primär technischer Natur, indem Hintergrundprozesse via Smart Contracts effizienter abgewickelt werden könnten. Deutlich spannender hingegen ist das Konzept der Retail CBDC.

Bei einer Retail CBDC hätten nicht nur Banken, sondern auch Unternehmen und Privathaushalte die Möglichkeit, ein Konto bei der Notenbank zu unterhalten. Insbesondere in Wirtschaftskrisen könnte die Notenbank oder auch der Staat, sofern dieser mehr Mitsprache erwirkt, von neuen Eingriffsmöglichkeiten profitieren. Sei es in Form von Helikoptergeld, das direkt über eine Notenbank gutgeschrieben wird, oder eine Form von Schwundgeld, das mit der Zeit immer weniger wird, indem ein Negativzins einprogrammiert ist. Konsum und Investition könnten so deutlich effizienter als bislang möglich angekurbelt werden. Auch könnte die Emission der Geldmenge durch Kredite an Geschäftsbanken reduziert werden, indem das Geld direkt bei den anvisierten Empfängern landet. Anstatt Geschäftsbanken hohe Kreditsummen zuzuteilen, könnte die Erstemission an Haushalte und Unternehmen den Wirkungsgrad des Geldes erhöhen, da es ohne Umweg bei ihnen ankommt. Man wäre weniger abhängig vom »guten Willen« der Banken, dass diese die Kredite für gezielte Gruppen und Vorhaben durchreichen.

Auch mit Blick auf die Inflation kann eine Retail CBDC ein spannendes Tool sein. Ist beispielsweise die realwirtschaftliche Inflation zu niedrig, also deutlich unter zwei Prozent, wie es in der Eurozone bis zum Jahr 2022 oft der Fall war, könnte eine Geldmengenausweitung mithilfe einer Retail CBDC zur Steigerung der realwirtschaftlichen Inflation im Sinne des harmonisierten Verbraucherpreisindex führen. Konsum und Arbeitsmarktsituation würden gezielt stimuliert werden. Bisherige Notenbankmaßnahmen zur Bekämpfung der Deflation sind nämlich vor allem in den Vermögenssektor geflossen und haben damit ihr realwirtschaftliches Ziel verfehlt. Die Folge war eine – zumindest in Teilen – ungewollte Vermögensinflation.

Bislang wurde in diesen Annahmen primär von der Zentralbank als Akteur gesprochen, weniger aber vom Staat. Im Sinne einer solchen Geldreform wäre es aber durchaus denkbar, dass auch die Staaten, ergo die Politikerinnen und Politiker, sich mehr Mitspracherecht verschaffen. Eine solche Aufweichung würde mit der bereits geschehenen Politisierung des Geldes einhergehen. Schließlich hat die EZB mit ihrer indirekten Staatsfinanzierung stärker eingegriffen als ihr im Primärmandat – Sicherung der Geldwertstabilität – zugeschrieben wird.

Unter dieser Prämisse und mit Blick auf die Herausforderungen, die noch vor uns liegen – Klimawandel, Überalterung, hohe Schulden, Jobverlust durch künstliche Intelligenz etc. – wäre es denkbar, dass eine Retail CBDC einem starken politischen Einfluss unterliegt.

Der Staat hätte damit, zumindest theoretisch, eine Art Extrabudget, das er unter Umständen ganz nach seinem Gusto ausgeben und programmieren kann.

Natürlich müsste an dieser Stelle noch geklärt werden, wie die Retail CBDC bilanziert wird und welche Einflussnahme der Staaten gegenüber der Zentralbank möglich ist.

Sollte sich im Sinne der Modern Money Theory (MMT) eine aktivere Rolle der Staaten, auch unabhängig vom Willen der Zentralbank, durchsetzen, um gezielte Investitionen in die Energiewende zu finanzieren, dann könnte dies mit einer CBDC sehr effizient umgesetzt werden. Anstatt den Bürgerinnen und Bürgern Guthaben gutzuschreiben, die zur freien Verwendung sind, könnte der digitale Euro beispielsweise zweckgebunden sein.

Während also Vermögenswerte oder Zigaretten nicht oder nur zu schlechten Konditionen mit der CBDC erworben werden können, könnte man den öffentlichen Nahverkehr bezuschussen. Die CBDC würde auf diese Weise einen Lenkungseffekt erhalten.

Denn aus Wohlstandssicht ist es suboptimal, wenn die Kredite der Geschäftsbanken in Vermögensanlagen fließen und nicht in die Realwirtschaft. Ebenjenes Dilemma, mit dem sich der Staat konfrontiert sieht, könnte durch eine »besonders politische« CBDC überkommen werden.

Auch die Umsetzung eines bedingungslosen Grundeinkommens wäre über eine Retail CBDC leichter umsetzbar, zumal man nicht auf die Geschäftsbankeninfrastruktur angewiesen wäre.[11] Um einen hohen Prozentsatz des Geldes in die Realwirtschaft fließen zu lassen, wäre auch ein besonders extremes Szenario denkbar: die Kombination aus Retail CBDC und einprogrammiertem Negativzins. Damit wäre man von der Kreditvergabe der Banken unabhängig und würde gleichzeitig massive Konsumanreize setzen. Darüber hinaus hätte der Staat über komplett digitale Finanzinfrastrukturen die Möglichkeit, Kapitalverkehrskontrollen besser umzusetzen und so ein Abfließen des Kapitals in Steueroasen zu verhindern.[12]

Die Attraktivität von digitalem Zentralbankgeld hat dabei durch die Rettungsmaßnahmen während der Corona-Pandemie zusätzliche Aufmerksamkeit erfahren, wie ein Beispiel aus den USA zeigt. Auf dem Höhepunkt des ersten Corona-Ausbruchs im März 2020 machten Morgan Ricks, Professor an der Vanderbilt University, und Lev Menand, wissenschaftlicher Mitarbeiter an der Columbia Law School, den Vorschlag, dass die Corona-Direkthilfen an die amerikanische Bevölkerung über einen digitalen US-Dollar ausgegeben werden sollten. Unterstützung fand der Vorschlag auch in einer Arbeitsgruppe von Demokraten des Repräsentantenhauses: dort wurde ein entsprechender Gesetzesentwurf formuliert. Damit wäre es möglich, dass alle US-Bürgerinnen und US-Bürger ohne den Umweg über Finanzinstitute direkt eine Wallet bei der amerikanischen Zentralbank (FedAccount) erhielten.[13] Dieser Vorschlag ist nicht nur sozial gerecht, da er die knapp sechs Prozent der Amerikaner ohne

Bankkonto miteinschließt[14], sondern er würde auch zur Reduzierung der Corona-Ausbreitung beitragen. Die US-Direkthilfen werden bislang nämlich per Scheck versendet, und diese Schecks müssen wiederum bei einer Bank oder einer Wechselstube vor Ort umgetauscht werden – wobei teils hohe Gebühren anfallen. Ein aus heutiger Sicht geradezu anachronistischer Prozess.

Wirtschaftshilfen würden durch die Umgehung von Intermediären also deutlich direkter die Menschen und Unternehmen erreichen. Natürlich müssen an dieser Stelle auch die Risiken einer derart direkten Staatslenkung zur Sprache kommen. Je stärker der Staat eingreift und je weniger eine Kreditvergabe über die Geschäftsbanken als dezentrales Element des Marktes abgewickelt wird, desto eher drohen marktwirtschaftliche Verwerfungen. Die Gefahr von Fehlallokationen, dass beispielsweise Kredite an kreditunwürdige Akteure vergeben werden, steigt. Retail CBDC im Sinne eines Vollgeldsystems können einem Staat insbesondere in Wirtschaftskrisen einen enormen Steuerungsvorteil erkaufen, der allerdings langfristig nicht ohne Nebenwirkungen bleibt.[15] Es besteht die Gefahr, dass die Geldmengensteuerung immer planwirtschaftlichere Züge annimmt. Schließlich wird bei einem Vollgeldsystem das dezentrale Element der Geldschöpfung zurückgedrängt. Aktuell findet die Geldschöpfung zu über 90 Prozent durch Geschäftsbanken statt. Wenn nun Unternehmen und Haushalte auch Konten bei der Notenbank unterhielten, dann würde eine weitere Zentralisierung des Geldes in Richtung des Staates erfolgen. Banken müssten dann bessere Konditionen als die Notenbank anbieten, die durch den Wegfall des Emittentenrisikos einen großen Trumpf im Ärmel hätte.[16]

Gerade weil eine Retail CBDC viele Risiken aufweist, ist es sehr unwahrscheinlich, dass sie den gleichen Konditionen unterliegen würde wie privates Geld.[17]

Die Ausgestaltung einer CBDC ist allerdings nicht nur technisch, sondern auch regulatorisch hochgradig individuell, was sich – neben der Wahl zwischen Retail oder Wholesale – an verschiedenen Fragen zeigt: Inwiefern kann anonym gezahlt werden? Sollen CBDC ähnlich wie Bargeld zinsfrei sein? Ist privates Buchgeld der Banken eins zu eins in CBDC konvertierbar? Erschwert wird der Diskurs auch durch die Frage, was mit der gerne aufgeführten Programmierbarkeit konkret gemeint ist. So kann man zum einen von der Programmierbarkeit des Geldes sprechen, also beispielsweise dem digitalen Euro als Geldeinheit in Form eines Tokens, und zum anderen von der Zahlungsinfrastruktur, die bereits auch heute schon, ohne Token und Blockchain, in Teilen eine Programmierbarkeit zulässt. Ein bekanntes und einfaches Beispiel wäre der Dauerauftrag, der automatisch und zu festgelegten Konditionen ausgeführt wird. Eine Streitfrage ist nun, ob es gegenwärtig notwendig ist, tokenisiertes Geld einzuführen, oder ob es ausreicht, die Programmierbarkeit der gegenwärtigen Zahlungsinfrastruktur zu erweitern. Schließlich können Schnittstellen geschaffen werden, die Smart-Contracts-Funktionen beinhalten und somit komplexere digitale Geschäftsmodelle ermöglichen. Der Eingriff in die »monetäre Freiheit« wäre deutlich geringer als bei programmierbarem Geld, das mit diversen Funktionen und Zugangsbeschränkungen versehen sein kann. So könnte digitales Geld beispielsweise eine Art Ablaufdatum erhalten, an dem sich sein Wert verringert, oder es könnte nur zum Kauf bestimmter Güter und Dienstleistungen berechtigen. Die Konsequenzen von programmierbarem Geld sind signifikant weitreichender als die von programmierbaren Infrastrukturen. Auch müsste sich bei programmierbaren Währungen ein neues Geldverständnis etablieren, da die Eigenschaften nicht mehr mit der Lehrbuchdefinition von Geld einhergehen. Die inhärente Logik von Token würde aus dem gegenwärtigen Geldsystem ein »Gutscheinsystem« machen.[18] Die Eigenschaften des digitalen Geldes könnten derart weiterentwickelt werden, dass seine Form immer stärker dem in Kapitel zwei erläuterten Utility Token ähneln würde. Bis dieses Szenario eintrifft, dürfte es allerdings sehr viele Zwischenschritte geben. Gegenwärtig ist nicht davon auszugehen, dass der digitale Euro, mit dessen Einführung nicht vor 2025 zu rechnen ist[19], derartige Funktionen bereits erfüllt. Ähnlich wie wir es von Betriebssystemen wie Windows, Linux oder Mac kennen, ist es eher vorstellbar, dass der digitale Euro in regelmäßigen Abständen Updates erhält. Aus den eher funktionsarmen digitalen Währungen können sich dann über die Jahre hochkomplexe Token-Gebilde mit einer individuellen Policy entwickeln.

WENN AUTOS ZU FAHRENDEN BANKEN WERDEN

Es spricht viel dafür, dass CBDC noch in diesem Jahrzehnt zum neuen weltweiten Geldstandard werden. Es gibt praktisch keine größere Notenbank auf der Welt, die sich aktuell nicht damit auseinandersetzt.[20] Dies dürfte allerdings nicht primär an der reinen Abwicklungseffizienz von CBDC liegen, auch wenn der Aspekt besonders schneller Transaktionen in Echtzeit sicher erstrebenswert ist und gegenüber Bargeld auch Kostenvorteile mit sich bringt. Dennoch geht es um viel mehr. Durch das Internet der Dinge sind es immer öfter Maschinen beziehungsweise Software-Programme, die miteinander interagieren. Zusätzlich zu der grundsätzlichen Fähigkeit, komplexe Entscheidungen zu treffen, müssen die Endgeräte aber auch miteinander vernetzt werden. Zwar kann das Internet hier schon eine Netzwerkgrundlage bieten, diese reicht allerdings nicht aus, wenn es zu Wertetransaktionen kommt. Der hohe Vernetzungsgrad macht die Machine-to-Machine-Kommunikation anfällig für Cyberattacken.[21] Um die nächste Wertschöpfungsstufe zu erreichen, müssen die Endgeräte beziehungsweise Softwareprogramme in der Lage sein, sicher und zuverlässig Verträge abzuschließen oder

Eigentum und Lizenzen zu übertragen. Genau hier kommt das »Internet of Value« zum Einsatz, die Blockchain-Technologie, die es auch ohne zahlreiche Mittelsmänner ermöglicht, Wertetransaktionen mithilfe von Smart Contracts autonom durchzuführen. Sobald hingegen Mittelsmänner eingebunden werden müssen, sinkt der Grad an Autonomie und Automatisierung, da neue Flaschenhälse entstehen und Informationen nicht mehr gleichermaßen effizient fließen können. Digitales Geld hat also sehr viel damit zu tun, wie effizient Informationen in unserer Ökonomie verarbeitet werden. China hat dies längst verstanden, weshalb im 14. Fünfjahresplan aus dem Jahr 2021 Blockchain und Industrie eng miteinander verzahnt sind.[22] Ganz gleich, ob Maschinen- oder Autobauer, Logistik- oder Pharmaunternehmen: Die Frage, wie gut wir es schaffen, unsere Industrie untereinander zu vernetzen, wird entscheidend von der Smart-Contracts-Infrastruktur und damit auch von programmierfähigem Geld und den zugehörigen Abwicklungsstrukturen abhängen.

Konkret geht es darum, dass sich Unternehmen in Zukunft anders organisieren und vernetzen können, als sie es heute tun. Um dies besser zu verstehen, muss man sich bewusst machen, wie das Verhältnis eines Unternehmens zur Außenwelt aussieht. Intern mag man bereits hochgradig effizient arbeiten und alles unter Kontrolle haben. Sobald man aber mit anderen Unternehmen zusammenarbeitet, entsteht Unsicherheit. Es müssen Kooperationsverträge geschlossen und Schnittstellen überwacht werden. Als Unternehmen muss man also immer abwägen, wie sehr man zur Zusammenarbeit mit anderen Unternehmen bereit ist. Alternativ sind einzelne Dienstleistungen oder Arbeiten eine unternehmensinterne Angelegenheit – zu gegebenenfalls höheren Kosten und bei geringerer Effizienz. Letzteres bedeutet eine Zentralisierung, die zwar Kontrolle ermöglicht, aber im wirtschaftlichen Sinne eine maximal mögliche Nutzenoptimierung verhindert. Je stärker wir es schaffen, den Grad an Zentralisierung zurückzudrängen, desto effizienter können

Unternehmen produzieren oder auch Dienstleistungen anbieten.[23] Eine CBDC ist selbst zwar auch zentralisiert, da sie von einer Notenbank herausgegeben und kontrolliert wird, dennoch kann sie grundsätzlich in dezentrale Infrastrukturen eingebettet werden. Solche dezentralen Infrastrukturen unterscheiden sich unter anderem auch darin, dass sie grundsätzlich nicht mehr auf der Bankeninfrastruktur aufbauen müssen. Für die Transaktionsabwicklung, insbesondere den Zahlungsverkehr, sind Banken also nicht mehr zwingend notwendig. Geld könnte dann auch unmittelbar in den Wirtschaftskreislauf gelangen – über die privaten Haushalte und Unternehmen, die in direktem Austausch mit der Notenbank stehen. Doch wie könnte die Nutzung einer CBDC in unserem Alltag aussehen?

Nötig ist zunächst eine Wallet, also ein token-fähiges Konto, äquivalent zu unserem Bankkonto, auf dem die CBDC gehalten werden können. Eine Wallet kann durch eine klassische Bank angeboten werden, es geht aber auch anders. Neben der Eigenverwahrung, sofern diese regulatorisch zulässig wäre, könnten auch andere Mittelsmänner für die Verwahrung zuständig sein – denkbar ist die Notenbank selbst, auch Tech-Unternehmen kommen dafür infrage. Nicht mehr nur Menschen, sondern auch Maschinen könnten ein eigenes Bankkonto als juristische Person erhalten. Beispielsweise würde unser Auto dann eine sogenannte Car Wallet bekommen. Derartige Wallets für Autos testen bereits einige Autohersteller, unter anderem Daimler gemeinsam mit dem Blockchain-Start-up Riddle&Code.[24] Autos werden in Zukunft Wertetransaktionen automatisch abrechnen und Daten mit Aufladelösungen, intelligenten Stadtsystemen oder Parkzonen ohne menschliche Interaktion austauschen. Um Smart Contracts nutzen zu können und sichere Transaktionen zu gewährleisten, greift man auf Token-Infrastrukturen zurück. Eine CBDC kann im Gegensatz zu dem Buchgeld auf unserem klassischen Bankkonto in diese neue und programmierbare Infrastrukturumgebung eingebettet werden und selbst Funktionalitäten aufweisen, die einen zusätzlichen Automatisierungs- und Steuerungsgrad ermöglichen.

Dabei geht es nicht nur ausschließlich um Geldtransaktionen, sondern vor allem auch um Identitäten von physischen Gegenständen. Ohne eine klar zuordenbare Identität sind keine Rechtsgeschäfte mit anderen Marktteilnehmern wie eben anderen autonomen Autos möglich. Ganz gleich, ob es sich um monetäre oder nicht monetäre Transaktionen handelt: Es geht immer um die Gewährleistung von Vertrauen – und das auch in einer technischen Infrastruktur ohne Mittelsmänner. Car Wallets sind also eine Art Brieftasche für das Auto, die die Identitätsinformationen enthält. Das Auto wird damit zu einem fahrenden Computer, der eigenständig Identitäts- und Finanztransaktionen abwickelt. Mit dem Internet allein wäre eine solche Infrastruktur nicht denkbar, da Transaktionen und Identitäten manipuliert werden könnten. Um dem entgegenzuwirken, müsste man verstärkt auf Mittelsmänner zurückgreifen, die sich um die Verarbeitung der Transaktionen kümmern. Diese stellen selbst aber ein Risiko dar (Single Point of Failure) und bremsen als zentrale »Flaschenhälse« eine automatisierte dezentrale Konnektivität.

Vor dem Hintergrund, dass im Mobilitätssektor ein gigantischer Datenmarkt entsteht, wäre eine derartige Zentralisierung eine weitere Machtverschiebung in die Richtung von Google und anderen Internetkonzernen. So geht eine Studie von PwC[25] aus dem Jahr 2019 davon aus, dass rund die Hälfte aller Autos in Europa und den USA im Jahr 2025 über eine grundlegende »Connectivity-Ausstattung« verfügen werden. Es werden also ungefähr 300 Millionen Fahrzeuge in Europa und den USA in der Lage sein, Daten zu sammeln und auszutauschen. Dies ist nicht nur für die Automobilhersteller selbst interessant, sondern auch für Versicherungen, Wetterstationen, Forschungseinrichtungen oder Unternehmen aus dem Mobilitätsbereich. Insbesondere Anbieter für Sharing-Dienstleistungen könnten ihre Geschäftsmodelle auf den Daten des Mobilitätssektors aufbauen. Gerade für GAFA (Google, Apple, Facebook und Amazon) ist dieser neue Datenmarkt attraktiv. Es wäre möglich, dass ein Gros der Wertschöpfung im Automobilsektor auf deren Plattformangebote, Cloud-Services und sonstige Dienstleistungen übergeht. Entsprechend kann die Blockchain-Technologie auch als Chance gesehen werden, gemeinsam mit dem Endverbraucher die Datenhoheit auf offene, dezentrale Netzwerkinfrastrukturen zu überführen – Plattform-Monopolisten blieben dann außen vor. Allerdings besteht auch für die GAFA die Möglichkeit, sich mit eigenen Geschäftsmodellen oder sogar Blockchain-Protokollen zu positionieren – allerdings ohne eine Monopolisierung der Daten in deren »Silos«.

CBDC-Anwendungsfälle lassen sich aber nicht erst in der Zukunft, sondern bereits heute finden, und zwar unter anderem im Supply-Chain-Management. Unternehmen wie IBM, Krypto-Start-ups wie VeChain[26] oder das vom chinesischen Staat aufgesetzte Blockchain Service Network (BSN)[27] arbeiten bereits an einer blockchain-basierten Lieferkettenoptimierung. Je nach Dezentralitätsgrad können dabei bereits Token zum Einsatz kommen und perspektivisch auch CBDC.

Ein Liefervertrag zwischen einem niederländischen Export- und einem chinesischen Importunternehmen über die Auslieferung von Tulpen könnte über einen Smart Contract auf einer Blockchain geregelt werden. Die Vertragsparteien, wozu auch Subunternehmer, Banken und Versicherungen etc. gehören, stimmen einem digitalen Vertrag zu, der die Lieferbedingungen festhält. Um die Frische der Tulpen zu gewährleisten, können unter anderem auch bestimmte Temperatur- und Luftfeuchtigkeitsbedingungen Teil des Smart Contract sein. Über Sensoren in den Frachträumen kann jeder Vertragsteilnehmer diese Parameter überprüfen. Dabei schicken die Sensoren die Daten an eine Blockchain, sodass jeder Teilnehmer den Status und Zustand der Ware live verfolgen kann. Käme es zu einer Verletzung der Vertragsbedingungen, zum Beispiel, weil die Kühlkette unterbrochen wird, dann würden im Smart Contract vordefinierte Haftungsbedingungen automatisch zu einer Schadenszahlung an den Geschädigten führen. Selbst, wenn es sich dabei um unterschiedliche Jurisdiktionen und unterschiedliche Währungsräume handelt, können so bürokratisch aufwendige Transaktionen unmittelbar ausgeführt werden, ohne dass es dafür menschliche Sachbearbeiter bräuchte. Wartezeiten und Fristen, die nicht unmittelbar mit der physischen Auslieferung zu tun haben, können so auf ein Minimum reduziert werden. Mit unserem aktuellen Bankkonto sind solche Anwendungen nur schwer möglich, da wir es nicht in derart dezentrale, autonome und komplexe Smart-Contracts-Anwendungen einbetten können.

Mit Blick auf die Zukunft von CBDC und die Blockchain-Technologie lässt sich aktuell noch nicht sagen, wie der Datenwettlauf zwischen Unternehmen, Staaten und privaten Haushalten ausgeht. Alle Akteure streben nach möglichst viel Datenkontrolle beziehungsweise Datenhoheit. Bedeutet sie doch am Ende wirtschaftliche Stärke und Unabhängigkeit. Wer die Daten besitzt, kann sie nicht nur monetarisieren, sondern muss sich auch nicht den Spielregeln anderer Akteure unterwerfen. Dies ist unter anderem auch ein Grund, warum immer mehr Menschen es kritisch sehen, dass das Gros ihrer Daten auf amerikanischen und nicht europäischen Servern liegt. Da Geschäftsmodelle, insbesondere Plattformdienstleistungen, auf Daten aufbauen, entwickeln sich diese Daten selbst immer mehr zu einer Art Währung. Genauso wie es in Volkswirtschaften um die Verteilung oder Umverteilung von Geld in Form von Euro, US-Dollar etc. geht, geht es zunehmend auch um die Verteilung von Daten. Daten werden damit zu einer Vorstufe für Geld, da sie wiederum in Geld umgewandelt werden können. Dieses Grundverständnis bedeutet allerdings auch, dass wir zukünftig diverse sozioökonomische Fragestellungen neu definieren beziehungsweise regeln müssen. Braucht es eine Pflicht zum Data-Sharing, um Datenmonopolisierung entgegenzutreten? Braucht es besondere Formen der Steuer auf Datenbesitz? All dies wird im Laufe dieses Jahrzehntes noch zu einigen Konflikten führen.

ANONYMITÄT ADE: DIE KOPPLUNG VON GELD UND IDENTITÄT

Deutlich wichtiger als die technisch-industriellen Vorteile dürfte der Kontroll- und Steuerungsaspekt aus staatlicher Sicht sein. Je digitaler und programmierbarer das Geld und seine Infrastrukturen sind, desto effizienter kann der Staat seine Interessen durchsetzen. Mit der Zurückdrängung des schlecht kontrollierbaren Bargeldes würden die ausschließlich digital abgewickelten Transaktionen mehr Informationen liefern. In Zukunft könnte unser Geld so auch Zusatzfunktionen bieten, die wir uns heute nur schwer vorstellen können.

Zum Beispiel könnten Staaten und Notenbanken individuelle Spielregeln für CBDC-Wallets festlegen, um den Wallet-Inhaber bestmöglich zu kontrollieren. Je nach politischer Maßgabe könnten so Guthaben subventioniert oder sanktioniert werden. So könnte man bei dem Besuch in einem anderen Währungsraum automatisch andere Wechselkurse erhalten als jemand aus einer anderen Region. Gerade vom Tourismus oder von Expats überlaufene Regionen könnten ihre eigene Preis- und Steuerpolitik programmieren, je nachdem, was ihrer Zielsetzung entspricht. An dieser Stelle wird in Zukunft auch die Frage auftauchen, inwiefern Geld an eine Identität gebunden sein muss. Die Kaufkraft ergibt sich dann unter Umständen nicht mehr allein aus dem Nominalwert des Geldes. Mehr denn je könnte entscheidend sein, wer das Geld besitzt und es ausgeben oder sparen möchte. Auch hier entscheidet die Konzeption des digitalen Zentralbankgeldes: Es gibt »kontenbasierte« und »token-basierte«

CBDC; auch eine Kombination beider Modelle ist möglich, sodass die Unterscheidung verwischen kann.[28] Beim kontenbasierten Ansatz müsste jeder, der am Zahlungsverkehr teilnimmt, ein Konto bei der Notenbank besitzen. Die Notenbank ist dann für sämtliche Identifikations- und Abwicklungsprozesse zuständig. Anders würde es bei einer token-basierten CBDC aussehen, die ohne zwangsweises Notenbankkonto auskommt. Auch ohne eine Identifikation bei der Notenbank könnte derjenige, der über die Private Keys verfügt, eine Zahlung initiieren. Die Zentralbank hätte in diesem Szenario keinen Einfluss darauf, wer die Zahlungen vornimmt, sodass unter Privatsphäre-Gesichtspunkten letztere Ausgestaltung Vorteile mit sich bringt. In Analogie zu unserem heutigen System würde eine token-basierte CBDC unserem Bargeld entsprechen, während das Kontenmodell eher unserem Bankkonto nahekommt, bei dem die Bank entsprechende Identitätsprüfungen vornimmt.

Daher wundert es nicht, dass bei einer eher anonym ausgestalteten token-basierten CBDC bereits heute über Bezahllimits wie beim Bargeld nachgedacht wird, um Geldwäsche und anderen kriminellen Finanztransaktionen entgegenzuwirken. Wie an einer anderen Stelle schon kurz angemerkt, besteht zudem die Sorge, dass viel Geld aus dem Geschäftsbankensystem abgezogen werden könnte, um es in das sicherere Notenbanksystem zu überführen. Eine Begrenzung der CBDC-Einlagen ist also auch losgelöst vom Aspekt der Anonymität eine nicht unwahrscheinliche Option.[29]

Das Neue an programmierbarem Geld zeigt sich unter anderem in dem Automatismus, den es mit sich bringt. Während wir heutzutage aktiv und manuell Geld überweisen oder zumindest einen Dauerauftrag einrichten, könnten sich gerade öffentliche Abgaben automatisieren. Angefangen von der Steuernachzahlung über den Strafzettel fürs Falschparken bis hin zur Wasserrechnung der Stadtwerke. An dieser Stelle zeigt sich aber auch eine Gefahr. Mit zunehmender Integration von Algorithmen und Maschinen steuern wir Geldströme nicht nur immer weniger bewusst, sondern es fällt uns auch schwerer, zwischen Daten und Geld zu unterscheiden.

Gerade in autokratischen Staaten wie China besteht die Gefahr, dass der Staat demokratische Grundsätze missachtet. Denn das sich im Test befindliche chinesische Bürger-Punktesystem – bekannt als Social-Scoring-System – könnte problemlos mit einer CBDC kombiniert werden. Bürger und Bürgerinnen würden dann je nach Staatstreue mithilfe von Punkten belohnt oder sanktioniert. Eine CBDC-Infrastruktur eignet sich geradezu ideal für ein derartiges Punktesystem. Im Sinne der staatlichen Smart Contracts könnte so ein hoch automatisiertes finanzielles Kontrollsystem mit weitreichenden Konsequenzen aufgesetzt werden. Wenn zum Beispiel der Zugang zu bestimmten Dienstleistungen ausgesetzt würde, käme es zu einer neuen Wechselbeziehung von Geld und Identität. Getreu dem Motto: »Zeige mir deine Wallet, und ich sage dir, wer du bist und was du darfst.« Staatstreue Bürgerinnen und Bürger hätten demnach mit 1.000 E-Yuan mehr Möglichkeiten als kritisch eingestellte Bürgerinnen und Bürger mit demselben Betrag. Die ursprüngliche Freiheit, die Geld seinem Besitzer unabhängig von seiner Person einräumt, würde damit mehr denn je zur Disposition gestellt.

Wie eine solche Sonderfunktion von Geld aussehen kann, zeigt sich bereits an ersten Tests der chinesischen Regierung. So hat man im Juli 2021 in der Region Chengdu an die Bevölkerung digitale Renminbi verteilt,[30] die weit mehr können als »normales« Geld. Um die Bewohner zu motivieren, verstärkt auf öffentliche Verkehrsmittel umzusteigen, hat die Regierung das Geld mit zusätzlichen Anreizsystemen programmiert: Rabatt erhält, wer mit dem digitalen Geld Bus oder Bahn bezahlt. Das Geld wird somit Teil des staatlichen Paternalismus, bestimmte Verhaltensweisen in die gewünschte Richtung zu lenken. Vor allem verliert Geld dadurch seinen Freiheitswert, da es umgekehrt nicht nur programmiert werden kann, um zusätzliche Rabatte zu gewähren, sondern auch, um staatlich ungewollten Konsum zu sanktionieren. Wer zum Beispiel in Zukunft Sozialhilfe vom Staat erhält, könnte durch die Programmierbarkeit des Geldes gezwungen sein, nur noch staatlich erwünschte Dienstleistungen und Waren zu erwerben. Für den Staat ist diese Programmierbarkeit also ein mächtiges Werkzeug.

Eine andere Möglichkeit böte sich dem Staat dahingehend, dass er in Echtzeit und ohne die bestehende Geschäftsbankeninfrastruktur nutzen zu müssen, Einsicht in die finanzielle Situation seiner Bürgerinnen und Bürger erhielte. Ganz gleich, ob man sich ein Auto ausleiht, im Supermarkt einkauft oder ein Flugticket bucht: Durch eine CBDC würde der Staat noch leichter, direkter und umfassender an Informationen gelangen, als er es heute schon kann. Insbesondere durch das Verschwinden des Bargeldes würde die Informationsdichte massiv zunehmen. Die Frage nach dem zukünftigen digitalen Zentralbankgeld und dessen Einbettung in eine entsprechende Infrastruktur hat daher eine große gesellschaftliche Relevanz. Auch wenn in Europa und den USA ein Überwachungsstaat in chinesischem Ausmaß noch entfernt sein mag, laufen wir auch hier Gefahr, unsere Privatsphäre nach und nach einzubüßen. Im staatlichen Wettbewerb ist es ein Nachteil, wenn ein Staat wie China so viel mehr über seine Bürgerinnen und Bürger weiß als beispielsweise Deutschland. Entsprechend groß ist die Verlockung, durch neue technologische Infrastrukturen Zugang zu Informationen zu erhalten. Die oftmals artikulierte Angst vor dem »gläsernen Bürger« nimmt selbst in Europa durch CBDC aus nachvollziehbaren Gründen zu.[31]

Für Bürgerinnen und Bürger kann dies, sofern sie sich nicht an dem Verlust der Freiheit und Privatsphäre stören, mit einem höheren Grad an Bequemlichkeit einhergehen. Wenn alle unsere Transaktionen digital aufgezeichnet werden, warum sollte man dann noch manuell eine Steuererklärung machen? Die Möglichkeiten einer CBDC-Infrastruktur nehmen mit dem

Abbau der Privatsphäre also tendenziell zu. Zumal es längst nicht nur um Menschen, sondern auch um Maschinen geht, deren Identität erfasst werden muss. Wenn beispielsweise ein Auto die Mautgebühr, den Aufladeprozess oder das Upgrade für besseren Fahrkomfort bezahlt, ist es allein schon aus versicherungstechnischen Gründen wichtig, jede Transaktion einem Fahrzeug und seinem Besitzer zuordnen zu können. Die große Frage wird sein, wie sehr hier eine Identitätsverschlüsselung durch den Staat respektive die Notenbank erfolgt, sodass eben nicht für jeden Außenstehenden ersichtlich ist, wer hinter einer Transaktion steht. Theoretisch kann eine CBDC-Zahlung im Geschäft oder Restaurant fast so anonym ablaufen wie eine Barzahlung. Die Anonymität unseres Geldes ist deshalb eher eine politische als eine technische Frage.

STABLECOINS ALS ALTERNATIVE ZU CBDC

Momentan werden Stablecoins in erster Linie für investmentbezogene Aktionen wie Trading, Kreditgeschäfte oder Token-Sales verwendet und nicht, um damit Lebensmitteleinkäufe zu tätigen. Sollte sich dies in Zukunft ändern, dann dürfte sich das Volumen deutlich nach oben bewegen. Zwar sind für viele Staaten, Notenbanken und Aufsichtsbehörden bereits die heutigen Volumina besorgniserregend – der Umgang mit Stablecoins unterscheidet sich allerdings je nach Land.

Im autokratisch geprägten China ist die Rolle von Unternehmen und potenziellen Stablecoins im Kontext der staatlichen Dominanz relativ eindeutig: Das Land hat aktuell private Stablecoins mit Renminbi-Deckung verboten[32] und bindet die großen Tech-Konzerne in das staatliche CBDC-Programm ein. Neben der Zahlungsapp der chinesischen Zentralbank sollen auch Nutzerinnen und Nutzer des Tencent-Messengers »WeChat Pay« oder von Alipay den staatlichen digitalen Renminbi versenden können. Da die Datenbanken aber ohnehin unter staatlicher Aufsicht stehen, macht es für die Nutzer und Nutzerinnen unter Privatsphäre-Aspekten praktisch keinen Unterschied, ob sie über einen Dienstleister wie Alipay zahlen oder über die Zentralbank-App. So zielt China darauf ab, die Payment-Dominanz der Tech-Plattformen zu brechen.[33]

Anders sieht es in Europa und den USA aus. Dass Unternehmen hier immer im Interesse des Staates handeln, ist nicht per se gegeben. Die Frage, ob Währungsinnovationen vom Staat oder vom privaten Sektor kommen sollten, ist offen. So verweist die Europäische Zentralbank in Innovations- und Technologiefragen durchaus auf den privaten Sektor. Gleichsam betrachtet man Stablecoins kritisch.[34] Es braucht einen Kompromiss, der zum einen den Unternehmen genug Innovationsfreiheit lässt und zum anderen den Staaten ausreichend Zugriffs- und Kontrollrechte. Schließlich sind die großen Tech-Unternehmen weltweit vertreten und können sich die Jurisdiktion in Teilen aussuchen.

Aber gerade die amerikanischen GAFA-Unternehmen wie Apple oder Alphabet tragen entscheidend zum Machterhalt und zur Positionierung der USA bei. Mit den Tech-Giganten sichern sich die Vereinigten Staaten die Datenhoheit und Abhängigkeit des Auslands. Vor allem Cloud-Anbieter sorgen dafür, dass westliche Daten in der Hand der USA bleiben. Entsprechend wird man auch Stablecoins zulassen, denn sie könnten sogar zu einem Machtausbau führen: Ausländische Nutzer und Nutzerinnen werden auf diese Weise noch stärker an die amerikanischen Tech-Unternehmen und den US-Dollar gebunden.

Die Regulatorik dürfte dann so ausgestaltet sein, dass diese Stablecoins nicht allzu viele Vorteile gegenüber der Zentralbankwährung – den zukünftigen CBDCs – besitzen, damit nicht plötzlich alle Menschen nur noch mit den Stablecoins der Tech-Konzerne bezahlen und nicht mehr mit dem staatlichen

US-Dollar. Würden die Stablecoins nämlich mit einer Guthabenverzinsung locken, während es für das Halten des US-Dollars keinerlei oder gar Negativzinsen gibt, könnte dies aus Sicht des Staates falsche Anreize setzen.

Als verlockend könnte sich für den Staat wiederum die Form der Besicherung von Stablecoins darstellen. Schließlich sollten Stablecoins, sofern sie nicht einem »synthetischen« Absicherungsmechanismus unterliegen, durch äquivalente Geldwerte gedeckt sein. Auch die heutigen Stablecoins wie Tether (USDT) oder USD Coin (USDC) sind in der Regel durch Bankguthaben oder Staatsanleihen besichert.[35] Für jeden tokenisierten US-Dollar, den man in Form eines Stablecoins herausgibt, sollte also auch ein US-Dollar-Gegenwert in gleicher Höhe hinterlegt sein. Stablecoin-Anbieter könnten so zu einem Abnehmer respektive Aufkäufer für Staatsanleihen werden und so zur Solvenz eines Staates beitragen. Die Europäische Zentralbank hat dazu bereits im Mai 2020 eine Untersuchung[36] durchgeführt, die Metas Diem (damals Libra) bis zu drei Billionen US-Dollar Potenzial bescheinigte. In diesem extremen Szenario müsste der Stablecoin Einlagen beziehungsweise primär Staatsanleihen vorhalten, die rund einem Zehntel der gesamten amerikanischen Staatsschulden – 30,4 Billionen US-Dollar im Mai 2022[37] – entsprächen. Dass das tägliche Handelsvolumen der größten Stablecoins bereits mit einigen Fiatwährungen mithalten kann, zeigt sich mit Blick auf die Zahlen. Der tägliche Handelsumsatz des gesamten Devisenmarktes (aller Fiatwährungen) liegt bei rund 6,6 Billionen US-Dollar. Bei rund 88 Prozent aller Devisentransaktionen – Maßstab sind 200 und nicht 100 Prozent – ist der US-Dollar als Währungspartner beteiligt. An zweiter Stelle folgt der Euro mit rund 32 Prozent. Den größten Anteil davon nimmt das Währungspaar Euro/US-Dollar ein. Deren Devisenumsatz beläuft sich auf knapp 30 Prozent des Gesamtmarktes, also rund zwei Billionen US-Dollar täglich.[38,39] Dem gegenüber steht ein tägliches Handelsvolumen von US-Dollar-Stablecoins zwischen 100 und 300 Milliarden US-Dollar, wobei knapp 90 Prozent auf den Stablecoin Tether (USDT) entfallen.[40] Nimmt man zur groben Veranschaulichung den ungefähren Mittelwert von 200 Milliarden US-Dollar, dann würde das USD-Stablecoin-Volumen auf immerhin rund 3,5 Prozent des gesamten US-Dollar-Handelsumsatzes an einem Tag kommen. Entsprechend stark profitiert der US-Dollar bereits heute von der zusätzlichen Auslandsnachfrage nach US-Dollar-Stablecoins, die zur Stärkung des Leitwährungsstatus beiträgt. Der US-Historiker Niall Ferguson, der Kryptowährungen ursprünglich kritisch gegenüberstand, sieht in den programmierbaren US-Dollar-Derivaten sogar die Chance, dass die USA ihre veraltete Zahlungsinfrastruktur überwinden und damit gegenüber dem aufkommenden Rivalen China wieder an Boden gutmachen könnten.[41] Inwiefern im Jahr 2030 der US-Dollar Leitwährung bleibt oder ob sich ein Wechsel zum Renminbi einstellt, hängt in Teilen auch davon ab, ob sich Stablecoins gegenüber Fiatwährungen und den daran angeschlossenen CBDC durchsetzen können.[42]

Denn Staaten tun sich trotz allem schwer mit Stablecoins – die Nutzung des privaten digitalen Geldes evoziert, dass das staatliche Geldmonopol unterwandert wird. Allerdings sind unsere heutigen Zahlungsinfrastrukturen ohnehin bereits überwiegend in privater Hand: SWIFT, PayPal oder die Kreditkartenanbieter wickeln einen Großteil der monetären Transaktionen ab.

Um zu verstehen, wie Staaten auf die neue Finanzinnovation reagieren könnten, ist es sinnvoll, einen Blick in die Geschichtsbücher zu werfen. Immer wieder kam es vor, dass private Akteure anfänglich nicht vom Staat reguliertes Geld oder Finanzdienstleistungen anboten oder das Fehlen staatlicher Angebote zum Anlass nahmen, selbst solche Dienstleistungen anzubieten. Analog zum Aufkommen der Kryptowährungen bietet sich der Vergleich mit dem Aufkommen privater Münzen in Großbritannien um das Jahr 1780 an.[43] Damals mangelte es an staatlichen Münzen, um kleinere Zahlungen und Handelsgeschäfte durchführen zu können. Als mit der Dampfmaschine von James Watt eine neue technologische Innovation aufkam, wurde es möglich, große Mengen an Münzen aus Kupfer wirtschaftlich effizient herzustellen. Die wachsende Arbeiterschicht, die im Zuge der Industrialisierung vom Land in die Städte zog, konnte dadurch ausreichend mit neuen, privaten Münzen versorgt werden. Die privaten Münzprägeanstalten waren die FinTechs des 18. Jahrhunderts, indem sie das staatliche Geldsystem mithilfe neuer Technologien disruptierten. Anfänglich wurde diese Entwicklung vom Staat in einer Laissez-faire-Haltung geduldet, zumal die Wirtschaft davon profitierte. Allerdings führte der zunehmende Erfolg des privaten Geldes dazu, dass das staatliche Geld immer weiter an Bedeutung verlor. Um dieser Entwicklung entgegenzuwirken, wurden die privaten Münzen beziehungsweise deren Herstellung verboten. Es fand eine Remonopolisierung des Geldes durch den britischen Staat statt, der durch die neue Technologie nun ebenfalls in der Lage war, ausreichend Münzen bereitzustellen.

Anstatt um Kupfermünzen geht es heutzutage um digitale Währungen und anstatt der Dampfmaschine steht die Blockchain-Technologie im Vordergrund. Damals wie heute waren Mangel und Unzufriedenheit der Auslöser für private Innovation. Während es damals der schlichte Mangel an kleinen Münzen war, dominieren bei Kryptowährungen andere Motive: Programmierfähigkeit, höherer Privatsphäreschutz, höhere Zensurresistenz und ein potenziell höherer Schutz vor Geldentwertung. Genau wie die privaten Kupfermünzen konnten sich die Kryptowährungen in ihren ersten Jahren weitestgehend frei entfalten. Da ihre Relevanz allerdings signifikant zunimmt, werden Stimmen aus Politik und öffentlichen Institutionen lauter, dagegen vorzugehen. Vor allem Stablecoins könnte mit der Entstehung von digitalen Zentralbankwährungen das gleiche Schicksal ereilen wie die privaten Kupfermünzen im

Großbritannien der industriellen Revolution. Sobald CBDC in diesem Jahrzehnt zum Standard geworden sind, wäre es denkbar, dass Stablecoins verboten werden. Vor diesem Hintergrund dürfte der Zeitraum bis zum Jahr 2025 entscheidend werden. Im Zuge der steigenden Etablierung von Kryptowährungen könnte es dann zu einem »Kippmoment« kommen. Zwar ist in den USA und Europa nicht mit einem direkten Verbot zu rechnen, sehr wohl aber mit einer massiven Überregulierung, die den Sektor schmerzlich träfe.

KEY LEARNINGS

- Digitales Zentralbankgeld (CBDC) kann sehr unterschiedlich ausgestaltet sein. Es muss keine Blockchain zum Einsatz kommen, da es keine Dezentralität wie bei Kryptowährungen gibt: Die Zentralbank besitzt weiterhin die volle Kontrolle.

- Schnellere, grenzüberschreitende Transaktionen und geringere Kosten sind zwar wichtige Vorteile einer CBDC-Infrastruktur, aber nicht ausschlaggebend. Der langfristig wichtigste Aspekt ist die Programmierbarkeit des Geldes und seiner Infrastrukturen. Geld kann in Form eines Tokens mit zahlreichen Funktionen ausgestattet werden und einen höheren Automatisierungsgrad der Wirtschaft ermöglichen.

- Ein Streitthema bei CBDC ist die Frage, wie sehr sie zukünftig das Bargeld ersetzen werden, welche Rolle Geschäftsbanken in der Distribution spielen und wie sehr sie die Privatsphäre des Zahlenden wahren.

- Alle größeren Zentralbanken dieser Welt forcieren eigene CBDC-Projekte, auch wenn gegenwärtig unklar ist, wann in diesem Jahrzehnt beispielsweise der digitale Euro oder digitale US-Dollar eingeführt werden. In China befindet sich das digitale Zentralbankgeld bereits im Einsatz und wird durch staatliche Maßnahmen, wie zum Beispiel Helikoptergeld, in der Bevölkerung promotet.

- Neben der Digitalisierung unserer Industrie ergeben sich durch CBDC neue Steuerungsmöglichkeiten in der Geld- und Währungspolitik. Staaten, Aufsichtsbehörden und Notenbanken werden in die Lage versetzt, ihre Policy mithilfe von Smart-Contracts-Infrastrukturen und programmierbaren Token effizienter umzusetzen. Neben der Überwachung unserer Finanztransaktionsströme sind signifikante Eingriffe wie einprogrammierte Negativzinsen oder Zugangsbeschränkungen zu gewissen Dienstleistungen denkbar.

- Es existieren zahlreiche auf dem US-Dollar basierende Stablecoins, die durch ihre hohe Marktkapitalisierung und Handelsvolumina Einfluss auf den Finanzsektor nehmen können. Sie können eine wichtige Brückenfunktion erfüllen, bis es zur Begebung eines digitalen US-Dollars durch die Notenbank kommt. Sobald Letzteres eintritt, stellt sich allerdings die Frage, wie es dann mit den privaten Währungsderivaten weitergeht, respektive, welchen Mehrwert sie gegenüber der staatlichen Variante bieten können.

4

GELDPOLITIK IST REALPOLITIK – WIE DER WETTKAMPF UM DAS BESTE GELD-SYSTEM ZUM NEUEN WETTLAUF ZWISCHEN US-DOLLAR UND RENMINBI WIRD

Als die Mondfähre der Apollo-11-Mission am 20. Juli 1969 auf dem Mond aufsetzte, saßen über 500 Millionen Menschen gespannt vor dem Fernseher. Der amerikanische Astronaut Neil Armstrong schrieb Geschichte – und mit ihm die USA als erste Nation auf dem Mond. Die Mondlandung zählt sicherlich zu den bewegendsten Momenten, in denen ein einzelner Staat neues Territorium betrat. Im Kleinen geschieht dies auch heute noch, wenn auch weniger spektakulär. Die Staaten stehen in einem permanenten Wettbewerb zueinander, dies gilt insbesondere für Regionen mit einem weltweiten Machtanspruch wie beispielsweise USA, Russland, China oder Europa als Staatenbund. Neben einer außen- und innenpolitischen Machtdemonstration geht es in den meisten Fällen um wirtschaftliche Interessen. Ganz gleich, ob Corona-Impfstoff, autonomes Fahren oder 5G-Breitbandausbau: Jeder Staat möchte der erste sein, weltweite Standards zu definieren. Dies gilt insbesondere für Infrastrukturstandards, da diese besonders viel Einflussnahme und Kontrolle versprechen. Die meisten Standards im internationalen Welthandel und in der Technologie gingen im 20. Jahrhundert vom Westen aus. Diese Vormachtstellung wird nun immer weiter durch den asiatisch-pazifischen Raum infrage gestellt, insbesondere durch China. Besonders eindrucksvoll zeigt sich dies im Streit um den chinesischen Technologiekonzern Huawei, der westliche Nationen mit seiner 5G-Netzwerkinfrastruktur ausrüsten wollte. Vor allem den USA ist diese Einmischung Chinas ein Dorn im Auge. Sie sehen eine gefährliche Einflussnahme des chinesischen Staates auf die westliche Infrastruktur. Auch andere europäische Nationen können einen 5G-Ausbau durch Huawei nicht mit ihren sicherheits- und machtpolitischen Interessen vereinen.

Doch wer sagt, dass diese Standards auch noch im Jahr 2030 von den USA und Europa geprägt werden? Es spricht sehr viel dafür, dass genau diese Vormachtstellung durch China herausgefordert wird. Schließlich existiert in China für jede große

US-amerikanische Plattform ein eigenes Pendant. Anstatt Google gibt es Baidu, anstatt Amazon nutzt man Alibaba und anstatt über Metas WhatsApp sendet man in China seine Textnachrichten via WeChat von Tencent. Dass ein chinesisches Plattformunternehmen auch den Weg nach Europa schaffen kann, zeigt sich an TikTok. Die Social-Media-App, auf der man kurze Videos posten kann, ist vor allem unter Jugendlichen sehr beliebt. Die Folge: Die Alarmglocken der Politik und Datenschützer schrillen. Der ehemalige US-Präsident Donald Trump sah in TikTok eine Sicherheitsgefährdung und machte sich für ein Verbot in den USA stark.[1] Im Westen wächst die Sorge, dass es in Zukunft nicht nur US-amerikanische Konzerne sein könnten, die Zugriff auf unsere Daten haben, sondern auch chinesische. Blickt man vor diesem Hintergrund auf unsere Finanzarchitektur und die gegenwärtigen Standards im Finanzsektor, dann zeigt sich ein sehr klares Bild. Von Europa unterstützt stellen die USA federführend die wichtigsten Infrastrukturen, wenn es um unser Geld und internationale Zahlungen geht. Dies gilt für Abwicklungsinfrastrukturen wie SWIFT oder Visa sowie für private Unternehmen, die Standards setzen. Dies können die großen Kreditkartenanbieter wie Mastercard, American Express oder Visa sein, die allesamt US-amerikanisch sind. Doch auch Zahlungsdienstleister wie PayPal oder Amazon, Google und Apple setzen weltweit Standards. Zwar ist Google in erster Linie eine Suchmaschine – dennoch ist Google Pay bereits heute Standard in vielen Apps. Wenn man sich also mit seiner Nahverkehrs-App in Berlin eine Fahrkarte für die Straßenbahn auf sein Smartphone lädt, dann kann man diesen In-App-Kauf eben auch über Google Pay abwickeln.

DAS POLITIKUM SWIFT

Das Gros aller internationalen Finanztransaktionen wird über das SWIFT-System abgewickelt. Die in Belgien ansässige Organisation – SWIFT steht dabei für Society for Worldwide Interbank Financial Telecommunication – stellt damit eine Art »Internet für Banken« dar. Praktisch alle großen Banken sind diesem Telekommunikationsstandard für Finanztransaktionen angeschlossen. Ähnlich wie man Textnachrichten als SMS versenden kann, können Banken »Finanznachrichten« via SWIFT versenden. Nun nutzen die wenigsten Menschen heute noch SMS, um Textnachrichten zu versenden, sondern greifen auf Messenger oder Chatprogramme wie WhatsApp, Telegram oder Slack zurück. Entsprechend stellt sich die Frage, ob das SWIFT-Netzwerk angesichts programmierbarer und flexibler Kommunikationsinfrastrukturen noch zeitgemäß ist. Dabei ist die Technik nur eine Dimension von SWIFT. Noch wichtiger ist die politische und regulatorische Bedeutung, die SWIFT aufgrund seiner globalen Monopolstellung zukommt.

Obwohl SWIFT für Finanztransaktionen in der gesamten Welt zuständig ist, stehen die insgesamt drei Datenzentren in den Niederlanden, der Schweiz und den USA – es dominieren also wie auch bei den großen internationalen Finanzorganisationen Weltbank oder IWF vor allem westliche Nationen. Diese westliche Zentrierung und Datenkontrolle hat in der Vergangenheit dazu geführt, dass die SWIFT-Organisation Länder vom Zahlungsverkehr ausschloss, die auf westlichen Sanktionslisten stehen. Ein Beispiel dafür ist der Iran, der 2018 von den USA sanktioniert wurde. In diesem Kontext wurden iranische Banken vom SWIFT-Netz genommen.[2]

Deutlich präsenter in den Köpfen der Menschen dürften die Ende Februar 2022 beschlossenen SWIFT-Teilausschlüsse russischer Banken sein. Als Reaktion auf den russischen Angriffskrieg auf die Ukraine haben sich primär die westlichen Staaten darauf geeinigt, die »finanzielle Atombombe« zu zünden.[3] Der Schaden für die russische Wirtschaft ist enorm, da das Import- und Exportgeschäft dadurch empfindlich getroffen wird. Mit dem Ausschluss einzelner russischer Banken vom Zahlungsverkehr kommt auch der internationale Waren- und Dienstleistungsverkehr in Bedrängnis. Darunter leiden allerdings nicht nur diejenigen, die man sanktionieren möchte. Russische Unternehmen, die bei sanktionierten Banken ihr Konto haben, können die Forderungen ausländischer Unternehmer nicht mehr bedienen, da ihnen keine regulären Zahlungen möglich sind.

Immer wieder kam es daher in der Vergangenheit zu Initiativen einzelner Regierungen, die sich nicht mit den Vorgaben von SWIFT abfinden möchten. Auch der ehemalige deutsche Außenminister Heiko Maas hatte im Zuge der SWIFT-Sanktionen gegen den Iran die Gründung einer europäischen Zweckgesellschaft vorgeschlagen, um sich unabhängig von der Organisation SWIFT zu machen.[4] Schließlich, so die Argumentation, sollte es einem Land selbst überlassen bleiben, mit wem es Handelsgeschäfte betreibt. Eine solche Zweckgesellschaft muss dabei keinerlei technologische Innovation darstellen. Es geht hier ausschließlich um politische Absichten und nicht darum, eine per se effizientere Zahlungsinfrastruktur aufzubauen.

Es gibt allerdings bereits heute die Möglichkeit, internationale Zahlungen unabhängig von bestehenden Infrastrukturen und dennoch mit Fiatgeld auf Bankkonten durchzuführen. Nehmen wir das Beispiel eines deutschen Maschinenbauers, der Geschäfte mit Russland machen möchte, dies aber aufgrund des SWIFT-Ausschlusses nicht oder nur erschwert kann. Voraussetzung hierbei ist natürlich, dass es sich nicht um Sanktionen handelt, die Handelsgeschäfte mit Russland für die jeweilige Branche untersagen; ein legaler Wirtschaftsaustausch sollte also gestattet sein.

Es besteht die Möglichkeit, das klassische Bankkonto an eine Wallet zu koppeln. Das Euro-Bankguthaben kann man wiederum tokenisieren. Die digitalen Euro könnten dann nahezu in Echtzeit innerhalb eines beliebigen Blockchain-Netzwerkes und ohne SWIFT beziehungsweise ein Korrespondenzbankensystem auf die Wallet des russischen Handelspartners transferiert werden. Da der inländische Zahlungsverkehr nicht vom SWIFT-Ausschluss betroffen ist, könnte anschließend eine De-Tokenisierung von der Wallet auf das normale Bankkonto stattfinden. Eine Art internationale Überweisung von Fiatwährungen also.

Einzelne Banken wie unter anderem die Commerzbank haben in Testversuchen bereits eine solche Tokenisierung vorgenommen.[5] Auch gibt es einige Start-ups wie CashOnLedger oder Monerium, die tokenisierte Fiatgeldtransaktionen über Schnittstellen zum normalen Bankkonto ermöglichen. Wohlgemerkt wäre dies eine Zahlungsvariante unter Einbindung traditioneller Kreditinstitute. Noch einfacher wäre es, Banken komplett außen vor zu lassen und ausschließlich Transaktionen ohne Intermediär über Wallets durchzuführen, sprich Bitcoins, Stablecoins oder sonstige Kryptowährungen zu versenden. Wenn sich derartige Lösungen in den nächsten Jahren kommerziell etablieren, stellt sich immer mehr die Frage, wofür man SWIFT aus technischer Sicht benötigt.

Durch die Blockchain-Technologie und die damit einhergehende Dezentralisierung kann man also die technischen Möglichkeiten einer Sanktionierung im Finanzsystem unterminieren. Sanktionen können dann technisch nichts bewirken beziehungsweise keine Transaktionen verhindern, sondern diese nur für illegal erklären. Wenn Russland also versucht, mithilfe von alternativen Blockchain-Infrastrukturen den SWIFT-Ausschluss zu umgehen, bleiben den Staaten nur Verbote, die die Entgegennahme des digitalen Geldes oder die Geschäfte selbst untersagen.

Die neuen Geldinfrastrukturen bieten die Möglichkeit, Machtverschiebungen anzustoßen, die den Interessen des Westens entgegenstehen. Durch den SWIFT-Ausschluss Russlands werden Staaten, die einen Konflikt mit den USA und Europa fürchten, nun verstärkt auf den Ausbau alternativer Zahlungsinfrastrukturen setzen. Staatliches Zentralbankgeld ist dafür nicht per se notwendig, auch wenn unter anderem Russland mit Hochdruck an einer schnellen CBDC-Einführung arbeitet.[6] Private Banken oder andere Finanzdienstleister sind schließlich auch in der Lage, digitale Fiatwährungs-Einheiten herauszugeben, was die Wartezeit auf das digitale Notenbankgeld verkürzt. Vor diesem Hintergrund hat die iranische Zentralbank bereits zugestimmt, dass insbesondere Import- und Exportunternehmen im eigenen Land auf Kryptowährungen zurückgreifen können.[7]

Natürlich ist sich SWIFT dieses Strukturwandels bewusst, sodass man alles daransetzt, dass sich möglichst wenig an der bestehenden Konstellation ändert. Schließlich wird die als Genossenschaft organisierte SWIFT vor allem von westlichen Vertretern geleitet. Von den 25 Mitgliedern, die im Aufsichtsrat sitzen (Board of Directors), stammen nach einem festen Aufschlüsselungsprinzip allein 17 aus Westeuropa. In diesem Gremium ist man wiederum für die Wahl des Vorstandes verantwortlich, der sich aus acht Personen zusammensetzt. Neben Aufsichtsrats- und Vorstandsebene haben die Zentralbanken der G-10-Länder ebenfalls eine Aufsichtsfunktion. Um einem Bedeutungsverlust entgegenzuwirken, erforscht SWIFT aktiv die Distributed-Ledger-Technologie. Gleichzeitig gibt es Zugeständnisse an China. Keine Institution kann es sich noch erlauben, China außen vor zu lassen. China selbst forciert wiederum eine Doppelstrategie, um nichts dem Zufall zu überlassen. Auf der einen Seite arbeitet die chinesische Zentralbank (People's Bank of China – PBOC) mit SWIFT zusammen, um gemeinsam CBDCs zu erproben. Über die genauen Ziele dieser Kooperation hält man sich bislang noch bedeckt.[8]

Auf der anderen Seite aber baut China an eigenen Infrastrukturstandards, die perspektivisch mit den bestehenden Systemen konkurrieren. Die Digitalwährung Renminbi ist der erste Schritt zu einer SWIFT-unabhängigen Zahlungsinfrastruktur. Schließlich muss man mit dem digitalen Renminbi weder Banken noch das SWIFT- respektive Korrespondenzbankensystem beanspruchen.

Vor ähnlichen Herausforderungen wie SWIFT steht auch die vielleicht wichtigste und gleichzeitig geheimnisvollste Bank der Welt – die Bank für Internationalen Zahlungsausgleich, kurz BIZ. Sie sorgt dafür, dass westliche Standards im Zahlungsverkehr dominieren. Die sogenannte Bank der Zentralbanken entscheidet regelmäßig über die Standards im Finanzwesen, wie beispielsweise die Regelwerke Basel I, II und III, nach denen sich weltweit die Banken zu richten haben, wenn sie Teil des internationalen Bankensystems bleiben möchten. Die Entscheidungen bei der BIZ werden von 18 Mitgliedern getroffen, die weder gewählt noch rechenschaftspflichtig sind. Bei diesen Mitgliedern handelt es sich um Vertreter der 18 größten Notenbanken, die für alle anderen Notenbanken auf der Welt in regelmäßigen Meetings die Standards definieren. Genauso wie SWIFT hat auch die BIZ auf den russischen Angriffskrieg reagiert und die russische Zentralbank von allen Treffen und Dienstleistungen ausgeschlossen.[9] Die Beispiele SWIFT und BIZ zeigen, wie sehr politische Macht von unseren internationalen »Geldinfrastrukturen« abhängt. Zumal in diesem Kontext auch nicht der Einfluss des Internationalen Währungsfonds (IWF) und der Weltbank vergessen werden darf, die ähnlich westlich dominierten Strukturen unterliegen wie SWIFT und BIZ. Wer Teil des elitären Machtzirkels ist, versucht verständlicherweise alles, um den Status quo zu erhalten. Umgekehrt versuchen die Nationen, die sich nicht ideal durch den Westen vertreten sehen, eine Änderung der Machtverhältnisse herbeizuführen. Aktuell werden die »Straßen des Geldes« von oben genannten Institutionen kontrolliert. China, Russland und Co. setzen aber alles daran, neue, attraktivere Routen zu erschließen, die die alten obsolet machen und damit auch den Einfluss des Westens verringern. Doch wie realistisch ist dieser Machtwechsel, der gar den US-Dollar als Leitwährung stürzen könnte?

E-YUAN: LEITWÄHRUNG BIS 2030?

Im Jahr 1944 trafen sich in dem amerikanischen Skiort Bretton Woods die alliierten Staaten, um zu besprechen, wie eine stabile Finanz- und Wirtschaftsordnung nach dem Ende des Zweiten Weltkriegs aussehen könnte. Zwar hatte der Zweite Weltkrieg die Schulden in allen Industrienationen in die Höhe schnellen lassen, doch die USA hoben sich ökonomisch wie militärisch ab. Als stärkste Nation setzten sie die Standards für die darauffolgenden Jahrzehnte. Mit dem Bretton-Woods-System legte man den Grundstein für die internationale Währungsordnung. Der US-Dollar diente dabei als Ankerwährung, an der sich alle anderen Währungen auszurichten hatten. Um für Stabilität zu sorgen, legte man ein festes Austauschverhältnis zwischen US-Dollar und Gold fest. Für 35 US-Dollar bekam man eine Unze Gold (31,1 Gramm).[10] Dieser Goldstandard verschaffte dem Welthandel vorerst eine zuvor verlorene Stabilität. Jeder teilnehmende Staat hatte die Möglichkeit, seine Währung in einem festen Verhältnis in US-Dollar beziehungsweise Gold zu tauschen. Auch wenn die USA 1971 (offiziell 1973) das Bretton-Woods-System in seiner damaligen Form beenden mussten – die Golddeckung war angesichts des defizitären Staatshaushaltes und systemischer Ineffizienzen nicht mehr glaubwürdig zu halten –, wirken die Grundzüge bis heute nach. So entstanden als Nachfolgeorganisationen von Bretton Woods der Internationale Währungsfonds (IWF) und die bereits erwähnte Weltbank; dass beide bis heute westliche Standards durchsetzen, hat etliche Kritiker auf den Plan gerufen. Weniger kontrovers ist die Rolle des US-Dollars, der auch heute noch unangefochten als globale Reservewährung dient. Mit dieser Rolle gehen große Privilegien für die USA einher. Der US-Dollar ist als Währung äußerst stabil, da er beständig nachgefragt wird, zum Beispiel, um Rohstoffgeschäfte abzuwickeln, Kredite aufzunehmen oder Rücklagen zu bilden. Das verschafft den USA den Vorteil, sich unter anderem stärker und leichter verschulden zu können als andere Nationen. Anders formuliert: Der größte Exportschlager der USA sind nicht etwa Maschinen oder Dienstleistungen. Vielmehr ist es die eigene Währung, der US-Dollar. Dieser Währungsexport ist die Grundlage für eine hohe US-Dollar-Nachfrage, die gleichzeitig die Macht der USA in ihrer heutigen Form überhaupt erst ermöglicht. Für eine Nation wie China, die zu Zeiten von Bretton Woods noch keine internationale Rolle gespielt hat, dürfte es mit zunehmendem wirtschaftlichen und militärischen Erfolg immer reizvoller werden, eine eigene globale Reservewährung zu etablieren. Würde man den Sachverhalt stark vereinfacht darstellen, dann könnte man formulieren: Wer die Leitwährung stellt, hat das Sagen. Vieles, was an politischen und wirtschaftlichen Signalen aus dem Reich der Mitte kommt, deutet auf genau diesen Anspruch hin. Als Einfallstor für diesen Machtwechsel könnten die neuen Zahlungsinfrastrukturen rund um digitales Zentralbankgeld dienen.

Eine entscheidende Rolle spielt dabei der Welthandel, den China bereits heute signifikant prägt. Um sich zum einen weniger abhängig von den USA zu machen und zum anderen seinen Einfluss weiter auszubauen, möchte sich China nicht nur auf einen stärkeren Binnenkonsum konzentrieren, sondern auch seine Position im Asien-Pazifik-Raum stärken. Dazu hat das Land im Fünfjahresplan die »Dual-Circulation-Strategie« verkündet, die unter anderem auch einen stärkeren Austausch zwischen den Regionen im Asien-Pazifik-Raum vorsieht.[11] Unterstützung findet die Strategie durch das neu geschlossene größte Freihandelsabkommen der Welt, RCEP. Die Abkürzung steht für Regional Comprehensive Economic Partnership.[12] Im Jahr 2020 ist dieses Freihandelsabkommen zwischen China und seinen engsten Nachbarn, vor allem den ASEAN-Mitgliedsstaaten, in Kraft getreten. Genau wie die USA nach dem Zweiten Weltkrieg übernimmt China eine klare Führungsrolle.

Neben der Möglichkeit, Standards zu setzen, entwickelt sich dadurch auch der Renminbi immer mehr zu einer Reservewährung, wenn auch zunächst regional begrenzt. Es ist gut denkbar, dass im Laufe dieses Jahrzehnts Rohstoffgeschäfte in der RCEP-Region nicht mehr standardmäßig in US-Dollar, sondern in Renminbi abgewickelt werden. Bereits heute finden sich dafür erste Anzeichen, indem sich immer mehr Staaten und Unternehmen offen gegenüber anderen Währungen zeigen. So hat der saudi-arabische Ölkonzern Saudi Aramco bekannt gegeben, über eine Anleiheemission in Yuan und nicht US-Dollar nachzudenken.[13] Gleiches gilt für die Ölgeschäfte selbst, die ebenfalls nicht mehr in US-Dollar, sondern in Renminbi abgewickelt werden sollen.[14] Allein die Möglichkeit, dass im internationalen Erdölgeschäft auf Yuan basierende Wertpapiere begeben werden, ist bis vor Kurzem undenkbar gewesen. Doch die zunehmenden Geschäftsbeziehungen mit China und die Absicht Chinas, einen »Petroyuan« zu etablieren, kratzen am vermeintlich unverrückbaren Status des US-Dollars. Hinzu kommen neue technische Infrastrukturen, die die bisherigen westlich geprägten Abwicklungsstandards und damit einhergehenden Machtstrukturen infrage stellen. So hat Saudi Aramco im Februar 2020 fünf Millionen US-Dollar in die blockchain-basierte Ölhandelsplattform Vakt investiert.[15] Das Start-up Vakt möchte den Handelsprozess im Rohstoffhandel, insbesondere bei Erdöl, mithilfe von Smart Contracts, Tokenisierung und neuen Blockchain-Infrastrukturen deutlich effizienter gestalten. Für Staaten wie Dubai könnten die neuen Handelsinfrastrukturen Unabhängigkeit von bestehenden – vor allem US-amerikanisch geprägten – Strukturen bedeuten. Insbesondere die Umstellung auf Token-Infrastrukturen bietet die Chance, den bestehenden Status des US-Dollars als Leitwährung zu hinterfragen. Die Auswirkungen von Sanktionen bei politischen Uneinigkeiten und Machtspielen könnte man damit reduzieren.

Unterstützung findet die Ausbreitung des Yuan auch durch das Projekt der neuen Seidenstraße. Die neuen Handelsrouten sollen China noch besser mit dem Rest der Welt verbinden und den Warenaustausch weiter ausbauen. Ganz gleich, ob nach Europa oder nach Afrika: Es ist Teil des chinesischen Infrastrukturprojektes, wichtige Seewege sowie Schienen- und Umschlagplätze zu kontrollieren.[16] Dies erklärt unter anderem die hohen Investitionen in ausländische Infrastruktur. So hat der chinesische Staat unter anderem die Mehrheit am größten griechischen Hafen in Piräus erworben.[17] Wenn nun also Waren auf dem Weg von Peking nach Duisburg über den Hafen von Piräus transportiert werden, dann wäre es nicht unwahrscheinlich, dass man dort auf chinesische Standards setzt. Konkret könnten an dieser Stelle das Blockchain Service Network (BSN)[18] und das Universal Digital Payment Network (UDPN)[19] des chinesischen Staates zum Einsatz kommen. Bei BSN handelt es sich um eine dezentrale smart-contracts-fähige Infrastruktur, die seit April 2020 nicht nur durch Knotenpunkte in China, sondern bereits auch im Ausland betrieben wird. Logistiktransaktionen, wie sie bei dem Verladen von Containern in einem Hafen vorkommen, könnten unter anderem über genau so eine Blockchain-Infrastruktur abgewickelt werden. Anstatt über Faxgeräte und heute noch immer übliche händisch ausgetauschte Frachtpapiere könnte man sämtliche Handelstransaktionen über den chinesischen Standard abwickeln. Ganz gleich, ob es sich dabei um die Nachverfolgung von Waren in Echtzeit, das Akkreditiv mit Banken und Versicherungspartnern oder die Signierung von Handelsdokumenten mithilfe einer digitalen Identität handelt: Dies alles wäre in einer hoch automatisierten Blockchain-Infrastruktur wie dem BSN möglich. Da die genannten Anwendungen auch mit Geldströmen und Vertragsschlüssen verbunden sind, rückt darüber hinaus das Thema des digitalen Zentralbankgelds in den Fokus. Mit seinem Bargeld in Token-Form, dem programmierbaren E-Yuan, auch digitaler Renminbi oder e-CNY genannt, liefert China die »passende Währung« gleich mit. Dazu gehört auch die Zahlungsinfrastruktur des oben bereits genannten Netzwerks UDPN. Allerdings konzentriert sich UDPN auf Zahlungen mit digitalen Zentralbankwährungen. So, wie SWIFT nicht exklusiv für Euro- oder US-Dollar-Zahlungen genutzt wird, ist UDPN keine Infrastruktur, die sich nur auf den E-Yuan bezieht. In Zukunft könnte der digitale Euro über UDPN genauso transferiert werden wie der digitale Renminbi. Laut einer Meldung[20] der chinesischen Initiative soll der UDPN-Standard bis 2025 in die kommerzielle Praxis überführt worden sein. In einem Jahrzehnt kann China so unabhängig von westlichen Infrastrukturstandards werden. Die Digitalisierung des Geldes ist also eine entscheidende Chance für China, in kurzer Zeit sehr viel Boden gegenüber dem Westen gutzumachen. Schließlich fehlt es aktuell noch an Standards in der Blockchain-Technologie, genauso wie es in den Anfangszeiten des Internets an einem einheitlichen Standard gemangelt hat. Erst mit den Netzwerkprotokollen TCP/IP, die das amerikanische Militär entwickelt hat, konnte sich das Internet in seiner heutigen Form etablieren.

SCHAFFEN EURO UND US-DOLLAR NOCH DEN ANSCHLUSS?

Während in China Geldautomaten mit CBDC-Funktion aufgestellt[21] und staatliche Lotterien zur Distribution des E-Yuan durchgeführt werden[22], sieht es in der Eurozone und den USA eher mau es, wenn es um digitales Zentralbankgeld geht. Sowohl Notenbankchefin Christine Lagarde als auch ihr amerikanischer Kollege Jerome Powell betonen in Interviews gleichermaßen, dass es sich nicht um ein Wettrennen handele.[23] Es gehe nicht darum, als erste Nation über digitales Geld zu verfügen, so der Tenor. Powell äußerte sich in einer Online-Konferenz der Princeton University im Januar 2021 sogar dahingehend, dass die USA qua Status einen First-Mover-Vorteil besäßen, da sie die Leitwährung stellen.[24] Vor dem Hintergrund des internationalen Wettbewerbes drängt sich allerdings der Eindruck auf, dass die westlichen Notenbankvertreter vor allem ihr spätes Handeln kaschieren und herunterspielen wollen. Dass China die Innovation des digitalen Zentralbankgeldes anführt, dürfte Lagarde und Powell nicht kalt lassen. Gerade im Währungsraum der Europäischen Zentralbank zeigen sich allerdings auch die Herausforderungen bei der Entwicklung von CBDC. Schließlich sind es neben der EZB auch die einzelnen nationalen Zentralbanken, die in eigenen Projekten digitales Zentralbankgeld erforschen. Die Forschungsergebnisse von 27 nationalen Zentralbanken in der Eurozone zu koordinieren und seitens der EZB-Zentrale in Frankfurt ausreichend zu berücksichtigen ist keine leichte Aufgabe. Auch wenn, wie bereits erwähnt, nach Aussagen von Christine Lagarde nicht vor 2025 mit der offiziellen Einführung eines digitalen Euro zu rechnen ist, soll der erste Prototyp bereits im Jahr 2023 getestet werden. Auch sollen im Jahr 2023 erste Beschlüsse folgen, die eine konkrete rechtliche Grundlage für einen digitalen Euro liefern.[25] Im Mai 2021 sind erste Informationen der EZB bekannt geworden[26], wie der digitale Euro konkret ausgestaltet sein könnte. Das gegenwärtige Konzept der EZB sieht dabei wie folgt aus:

Der offizielle Name der elektronischen Währung soll »Digital Euro« lauten. Laut Informationen des Handelsblatts möchte sich die EZB auch die Markenrechte an der Bezeichnung sichern. Als zusätzliches Bargeld soll der Digital Euro den Bürgern und Bürgerinnen der Eurozone zur Verfügung gestellt werden. Eine Blockchain-Infrastruktur wie bei Kryptowährungen ist für den Anfang noch nicht vorgesehen. Vielmehr soll der Digital Euro möglichst in bestehende Systeme integriert und in die zentrale Kontenführung der EZB integriert werden. Im Gespräch ist das seit 2018 im Einsatz befindliche Abwicklungssystem TIPS – Target Instant Payment Settlement. Innerhalb dieses europäischen Zahlungssystems sind bereits heute Zahlungen möglich, die nahezu in Echtzeit abgewickelt werden. Die italienische Notenbank hat dazu bereits mit der EZB Tests unternommen, um die Infrastruktur für einen digitalen Euro auszuprobieren. Um das Bankensystem nicht zu gefährden und einen »Run« auf das digitale Notenbankgeld zu unterbinden, ist ein Höchstbetrag von 3.000 Euro im Gespräch, den die EU-Bürger und -Bürgerinnen in ihrer Wallet halten können. Die Wallets wiederum werden von Geschäftsbanken beziehungsweise privaten Finanzdienstleistern erstellt. Sollte der Höchstbetrag auf der Wallet erreicht werden, könnte eine automatische Umbuchung auf das normale Bankkonto erfolgen. Wie beim Bargeld sollen mit dem Digital Euro anonyme Transaktionen möglich sein, um die Privatsphäre der Bürgerinnen und Bürger zu schützen. Ebenfalls sind grundsätzlich keine Zinsen auf das digitale Bargeld vorgesehen.

Bis es zur finalen Umsetzung des Digital Euro kommt, dürften die Ausgestaltungsmerkmale noch mehrmals abgeändert werden. EZB-Direktor Ulrich Bindseil hat beispielsweise den Vorschlag gemacht, sehr wohl Zinsen einzuführen, um den digitalen Euro besser steuern zu können. So sieht er ein zweigliedriges System vor, das Guthaben bis 3.000 Euro mit dem Zins vergütet, den Banken auf ihre Einlagen bei der EZB erhalten – Negativzinsen ausgeschlossen. Sollte man Guthaben über 3.000 Euro doch zulassen, so könnte das Anlegen größerer Geldsummen dadurch unattraktiv gemacht werden. Das Beispiel zeigt, dass noch viele Ideen die Ausgestaltung des digitalen Euro prägen können.[27] Die EZB hat dazu auch eine Umfrage durchgeführt, um die Bedürfnisse der Bevölkerung, von Unternehmen und Verbänden besser abschätzen zu können. Laut der Umfrage[28], an der 8.200 Personen teilgenommen haben, sorgen sich die Bürgerinnen und Bürger vor allem um den Datenschutz und haben Angst, durch den digitalen Euro zu gläsernen Bürgern zu werden. Mit 43 Prozent steht dieser Aspekt an erster Stelle der Umfrageergebnisse. Entsprechend verwundert es nicht, dass die EZB wie auch die nationalen Notenbanken mehrfach betont haben, dass bei der Ausgestaltung des digitalen Euro die Privatsphäre berücksichtigt wird. So hieß es bei der Präsentation der Umfrageergebnisse von EZB-Direktor Fabio Panetta, dass es bei der Arbeit vorrangig darum gehen solle, die personenbezogenen Daten der Nutzer und Nutzerinnen zu schützen und ein hohes Maß an Vertraulichkeit zu gewährleisten. Dieser Aspekt dürfte die europäische Digitalwährung damit deutlich vom E-Yuan unterscheiden, der alles andere als anonym ist. An zweiter Stelle forderten die Teilnehmer der EZB-Umfrage die Gewährleistung von Sicherheit (18 Prozent), an dritter Stelle die einheitliche europaweite Nutzung und Verfügbarkeit des digitalen Euro (11 Prozent).

Auch bei den europäischen Finanzministerinnen und -ministern steht der digitale Euro auf der politischen Agenda. So sprach sich im Mai 2021 der ehemalige Bundesfinanzminister und heutige Bundeskanzler Olaf Scholz gemeinsam mit seinem französischen Amtskollegen Bruno Le Maire dafür aus, zeitnah mit ersten Pilottests zu starten.[29] Insbesondere Scholz hatte sich in der Vergangenheit bereits kritisch gegenüber privaten digitalen Währungen geäußert[30] und möchte verhindern, dass Stablecoin-Emittenten zu viel an Einfluss gewinnen. Dieses Beispiel zeigt, dass digitales Geld allmählich seine Nische verlässt und aufgrund seiner enormen Relevanz immer mehr Berücksichtigung findet.

In den USA gibt man sich noch bedeckter als in der Eurozone und lässt nur wenige Informationen nach außen dringen. Neben dem Anspruch, die größte Wirtschaftsmacht der Welt zu sein, dürfte China mit seiner CBDC den Druck auf die USA erhöhen.

Eine Schwächung des Dollars träfe die Schuldentragfähigkeit des US-amerikanischen Staates. In der Folge müssten Ausgaben und Investitionen sinken, zum Beispiel würde der Militäretat kleiner. Aktuell stellt der US-amerikanische Verteidigungsetat von 732 Milliarden US-Dollar alle anderen Staaten bei Weitem in den Schatten. Mit »nur« 261 Milliarden US-Dollar folgt an zweiter Stelle China.[31]

Neben vordergründigen volkswirtschaftlichen Kennziffern wie BIP-Wachstum oder Verschuldungsgrad könnte China in diesem »Währungskrieg« auf diese Weise ein wichtiger strategischer Schachzug gegen die USA gelingen, ohne dabei in direkte militärische Konfrontation zu geraten. Auch das amerikanische Direktoriumsmitglied der Federal Reserve, Lael Brainard, sprach im Mai 2021 diesbezüglich eine Warnung aus.[32] So äußerte sie, dass die USA das CBDC-Wettrennen gewinnen müssten, um ihren Status zu verteidigen. Auch betonte sie, dass dies durch private digitale Währungen allein nicht geleistet werden könne, da ihnen der rechtliche Status einer offiziellen Währung fehle.

Im Zuge der Olympischen Spiele in China im Februar 2022 zeichnete sich in diesem Zusammenhang bereits eine erste Konfliktlinie ab. So rieten einige Staaten, unter anderem auch die USA, ihren Athletinnen und Athleten davon ab, vor Ort mit E-Yuan zu bezahlen.[33] Zu groß waren die Sicherheitsbedenken hinsichtlich Spionage und Datenklau. Schließlich bedarf es zur Nutzung des E-Yuan neben der App der chinesischen Zentralbank auch eines Mobilfunkvertrags, über den man registriert ist. Ohne die Angabe der eigenen Telefonnummer sind also keine Transaktionen möglich. Bei größeren Beträgen werden sogar zusätzliche Informationen wie Personalausweisdaten oder gar Bankdaten von der chinesischen Zentralbank abgefragt. Chinesische Behörden und Unternehmen erhalten dadurch ein sehr ausführliches Profil der Nutzer und Nutzerinnen. Der digitale Renminbi ist deshalb das wahrscheinlich am wenigsten anonyme Zahlungsmittel, das man nutzen kann. Aus diesem Grund haben US-Senatoren einen Gesetzesvorschlag eingereicht, der die Nutzung des E-Yuan in den USA untersagt. Apple und Google wäre es dann untersagt, Apps anzubieten, die den E-Yuan nutzen.[34] Die Privatsphäre-Bedenken scheinen der chinesischen

Bevölkerung allerdings nur wenig auszumachen. Bereits im Januar 2022 wurde die App der Zentralbank über 261 Millionen Mal heruntergeladen, obwohl sie sich eigentlich noch immer in der Testphase befindet. Aber der staatliche Druck auf private Haushalte und Unternehmen in Bezug auf den digitalen Renminbi lässt wenig Zweifel daran, dass der E-Yuan erfolgreich eingeführt wird.

Im Gegensatz zum Bretton-Woods-Abkommen von 1944 findet der jetzige Dominanzwechsel weniger offensichtlich und wesentlich direkter statt. China überholt seine westlichen Konkurrenten, indem es nicht nur schneller wächst, sondern auch stufenweise seinen regionalen Einfluss ausbaut. Der Leitwährungsstatus könnte dabei ganz am Schluss der chinesischen Agenda stehen – als finales Puzzlestück.

Ebenfalls möglich oder gar als Zwischenetappe zur Renminbi-Weltreservewährung gedacht, könnte eine tendenziell multipolare Währungsordnung sein, in der es nicht mehr die eine Reservewährung gibt. Handel würde dann ganz einfach in den jeweiligen Währungen getrieben – beim Handel mit China würde also mit Renminbi bezahlt. Als Trigger für diese neue Währungsordnung, die inzwischen schon als Bretton Woods III gehandelt wird, dient der Ukraine-Krieg. So beschreibt der Credit-Suisse-Analyst Zoltar Pozsar in einem Report[35], dass Bretton Woods II, also die Zeit des ungedeckten Fiatgeldes zwischen 1971 und heute, zu Ende geht und nun von einem Bretton Woods III mit stärkerem Rohstoffbezug abgelöst wird. Hinter der These steckt die Annahme, dass der US-Dollar durch das amerikanische Einfrieren der russischen US-Dollar-Reserven zukünftig als Reservewährung gemieden wird. Große Staaten wie China, Indien oder Saudi-Arabien dürften zukünftig ihre US-Dollar-Bestände derart drastisch reduzieren, dass das Gros der US-Dollar-Auslandsnachfrage wegbleibt. Zumal russische Rohstoffe wie Öl oder Getreide nicht mehr in US-Dollar gehandelt werden. Gerade China als neutraler Akteur könnte davon profitieren und das

Überangebot an russischen Rohstoffen aufkaufen. Die stärkere Unterlegung der chinesischen Wirtschaft mit Rohstoffen wäre ebenfalls ein Argument für die Stärkung des Renminbi. Dies muss zwar noch nicht bedeuten, dass wir zwangsläufig zu rohstoffgedeckten Währungen zurückkehren. Sehr wohl aber dürfte der Einfluss von Rohstoffen auf unsere Währungsordnung zunehmen, geprägt von einer stärkeren Regionalisierung. Die Konsequenz dieser Globalisierungsabkehr wären höhere Preise, ergo eine höhere Inflation für den Westen. Relativ gesehen zu einem Renminbi, der von günstigeren (russischen) Rohstoffen und einem weniger eingeschränkten Welthandel profitiert, würden US-Dollar und Euro an Bedeutung verlieren. Inwiefern wir eine multipolare Währungsordnung mit einem dominanten Renminbi und US-Dollar sehen, hängt stark davon ab, wie sich die einzelnen Nationen in den kommenden Jahren entscheiden werden, ob es also geopolitisch zu einer Bildung von neuen Blöcken kommt. Für den Bitcoin wäre ein derartiges Szenario wiederum sehr positiv, da ein schwacher US-Dollar zu einer Aufwertung von Währungsalternativen wie Gold oder eben Bitcoin führen dürfte. Losgelöst davon, welche Währungsordnung sich durchsetzen wird, scheint ein weiterer Dominanzverlust des US-Dollar in diesem Jahrzehnt als ziemlich wahrscheinlich – verbunden mit einer relativen Stärkung des Renminbi.

KEY LEARNINGS

- Weil Staaten mit ihren Währungen und Finanzinfrastrukturen in einem starken Wettbewerb stehen, ist das Setzen von Standards mithilfe von Unternehmen wie Visa, PayPal, Google und Institutionen wie SWIFT, BIS und IWF Teil des globalen Konkurrenzkampfes. Das Aufkommen digitaler (Zentral-)Währungen stellt daher die bestehende Ordnung infrage und erlaubt eine Änderung der Machtverhältnisse.

- Von besonderer politischer Brisanz ist die Zahlungsabwicklungsgesellschaft SWIFT. Einige Staaten kritisieren die Abhängigkeit vom Westen, insbesondere den USA, und arbeiten an alternativen Finanzinfrastrukturen für internationale Zahlungen. Länder wie Russland setzen große Hoffnungen auf CBDC und eine mögliche Umgehung von SWIFT.

- Bedingt durch hohe Wachstumsraten könnte China die USA als Wirtschaftsnation Nummer eins noch in diesem Jahrzehnt ablösen. In diesem Zusammenhang steht auch der Leitwährungsstatus des US-Dollar zur Disposition. Geopolitische Projekte wie die Neue Seidenstraße oder das Freihandelsabkommen RCEP könnten schrittweise den US-Dollar als Reservewährung verdrängen. CBDC könnten diesen Prozess beschleunigen, indem der US-Dollar-Standard Stück für Stück an Bedeutung verliert. Wichtige Standards in diesem Kontext könnten unter anderem das Blockchain Service Network (BSN) und das Universal Digital Payment Network (UDPN) sein.

5

TECHNOLOGIE TRIFFT AUF IDEOLOGIE: WIE UNTERSCHIED-LICHE DENK-SCHULEN UNSER ZUKÜNFTIGES GELD PRÄGEN

Die Frage, wie das perfekte Geld auszusehen hat, ist stark an die eigene Weltanschauung geknüpft. So sehr wir uns eine Art von wissenschaftlicher Objektivität bei der Ausgestaltung unseres Geldes wünschen mögen, ist dieser Prozess eher an wirtschafts- und finanzpolitische Überzeugungen geknüpft. Geld ist eine soziale Konstruktion und keine Naturwissenschaft. Eine neue Technologie, die in der Lage ist, unser Geldwesen zu verändern, steht daher auch immer in einem Spannungsverhältnis mit der vorherrschenden Ideologie; oder anders formuliert: Geld ist politisch. Die Finanzinnovationen Bitcoin, Kryptowährungen und digitales Zentralbankgeld müssen sich immer auch im gegenwärtigen politischen Umfeld behaupten können. Die Höhe der Staatsschulden oder des Zinsniveaus hat daher auch einen Einfluss darauf, wie wir token-basierte Währungen wahrnehmen und vor allem, wie Unternehmen und Staat diese ausgestalten.

Im Mittelpunkt der gegenwärtigen 20er-Jahre steht die expansive Geldpolitik der Notenbanken, die notwendig ist, um überschuldeten Staaten und teils auch Unternehmen ausreichend Liquidität zur Verfügung zu stellen. Trotz immer geringeren Wirtschaftswachstums und einer demografischen Entwicklung von weniger Geburten und längerer Lebenserwartung in den Industrienationen lässt sich das System so aktuell noch stabil halten. Insbesondere der Ausbruch der Corona-Pandemie Anfang 2020 sowie der russische Angriffskrieg auf die Ukraine im März 2022 haben ein neues Level an Notenbank- und Staatsinterventionismus aufkommen lassen. Inzwischen sind es nicht mehr nur sogenannte Crashpropheten, sondern auch renommierte Ökonomen, die immer stärker auf die Nebenwirkungen der Modern Monetary Theory (MMT) hinweisen.[1] Diese Theorie versteht sich in der Tradition des Keynesianismus und zielt mit ihrer Geldpolitik vor allem darauf ab, möglichst viele Jobs zu schaffen oder zu erhalten. Im Zielkonflikt zwischen Geldwertstabilität und

Arbeitsplätzen tendiert die Notenbank zur Vollbeschäftigung. Das umgangssprachliche »Gelddrucken« wird dabei als in Maßen legitime und sinnvolle Lösung für das ökonomische Wohlergehen angesehen. Dem liegt die Annahme zugrunde, dass die Geldwertstabilität trotz der inflationären Geldpolitik stabil gehalten werden kann. Entscheidend ist demnach nicht so sehr die Quantität der Geldmengenausweitung, sondern vielmehr ihre Steuerung. Kritiker wie der US-amerikanische Ökonom Paul Krugman weisen allerdings darauf hin, dass dies nicht lange gut gehen kann.[2] Statt durch die Geldmengenausweitung im Rahmen der MMT grundlegende ökonomische Probleme lösen zu können, führe eine derart expansive Geldpolitik, wie sie auch bereits nach der Finanzkrise 2008 eingesetzt worden ist, zu Inflation, so Krugman und weitere Kritiker der MMT.

Diese Sichtweise wird insbesondere von Vertretern der österreichischen Schule sowie wirtschaftlich libertär eingestellten Personen vertreten.[3] Ihnen ist die Überzeugung gemein, dass Geld möglichst »hart« und wenig staatlich reguliert sein sollte. Unter hartem Geld versteht man Geld, das nicht beliebig ausgeweitet respektive inflationiert wird. Ein Beispiel für hartes Geld wäre der Goldstandard, der ein festes Austauschverhältnis zwischen Währungseinheiten und Goldmenge vorsieht. Bei strenger Berücksichtigung des Austauschverhältnisses wird auf diese Weise eine größere monetär getriebene Inflation unterbunden und Geldwertstabilität erreicht. Das bereits erwähnte Bretton-Woods-System sah ein Austauschverhältnis von 35 US-Dollar je Feinunze Gold (31,1 Gramm) vor. Der US-Dollar war damit in der Wahrnehmung vieler Menschen so gut wie Gold. Allerdings stieß der Goldstandard durch eine defizitäre Haushaltspolitik schnell an seine Grenzen. Es war schlichtweg nicht genug Gold da, um die hohen Staatsausgaben zu decken und gleichzeitig das festgelegte Austauschverhältnis zu gewährleisten. Infolgedessen sah sich US-Präsident Richard Nixon 1973 gezwungen, die Bindung an das Gold aufzukündigen. Die USA konnten so wieder mehr

Schulden machen.[4] Man hatte mit Auflösung von Bretton Woods auch angefangen, die Finanzmärkte zu deregulieren, sodass der Finanzmarkt in seiner heutigen Form entstehen konnte – und damit die Abkopplung von der Realwirtschaft: Mit steigender Anzahl an Wirtschaftskrisen und dem immer höheren Verschuldungsgrad in den Industrienationen hat sich ein immer »weicheres« Geld etabliert.[5] Insbesondere USA, Europa und Japan geben hier den Ton an und betreiben eine Geldpolitik, die weit von einer stabilitätsorientierten Geldpolitik entfernt ist. Eine seit vielen Jahren hohe Vermögensinflation bei allen Anlageklassen und ein Niedrigzinsumfeld, aus dem die Staaten nur schwer herauskommen, sind unter anderem die Konsequenz. Dies zeigt sich vor allem mit dem Aufkommen der hohen Inflation im Jahr 2022. Anstatt rechtzeitig und konsequent gegenzusteuern, trauen sich die Notenbanken, vor allem die EZB, nur sehr vorsichtig Zinserhöhungen zu ergreifen. Zu groß ist die Angst, eine Eurokrise auszulösen beziehungsweise die Finanzierungskosten für Staaten, Unternehmen und Haushalte zu erhöhen. Gerne wird in diesem Zusammenhang das Bild eines Drogenabhängigen verwendet, der immer mehr Stoff benötigt, um seine Sucht zu befriedigen. Mit dieser Analogie kritisieren nicht nur Anhänger einer wirtschaftsliberalen Denkschule die Abhängigkeit vom billigen Notenbankgeld. Solange diese Geldpolitik ohne einen größeren Crash und gesellschaftliche Verwerfungen auskommt, dürfte die Stimme der Vertreter des harten Geldes aber wenig hörbar bleiben. Besonders in der Kritik stehen hierbei auch die digitalen Zentralbankwährungen. Neben Überwachungsängsten besteht bei CBDC die Sorge, dass man sie nutzen könnte, um Negativzinsen auf Guthaben »einzuprogrammieren«, also noch weicheres Geld zu schaffen. Die Intention, Geld als ein Wertspeichermedium zu nutzen, würde damit noch stärker zur Disposition stehen. So könnte Zentralbankgeld eine Art Verfallsdatum erhalten, das seinen Besitzer zum Konsum oder zur Investition drängt.

Vor diesem Hintergrund stellt sich die Frage, ob sich eine Gegenbewegung zum weichen Geld durchsetzen könnte und es folglich Gold, Bitcoin oder andere rohstoffgebundene Währungen sind, mit denen wir in Zukunft bezahlen. Der mögliche Einwand an dieser Stelle, dass man nur schwer beziehungsweise unpraktikabel mit Gold oder Silber die Dinge des täglichen Bedarfs einkaufen kann, ist inzwischen zu revidieren. Durch die Tokenisierung von Gold und Silber können heute schon Centbeträge via Smartphone-App oder Debitkarte bezahlt werden. Doch nur weil diese alternativen Bezahlformen technologisch möglich sind, heißt es noch lange nicht, dass sie sich auch durchsetzen. Dass sich der Staat den Bitcoin- oder Goldstandard zu eigen macht, ergo Bitcoin oder Gold als vollwertiges Geld anerkennt, ist gegenwärtig nur bei wirtschaftlich instabilen Staaten denkbar. Schließlich bedeutet die Abkehr vom beliebig vermehrbaren Fiatgeld einen enormen Machtverlust des Staates. Auch ist unsere kredit- und wachstumsbasierte Wirtschaft auf ein inflationäres und nicht deflationäres Geld wie eben Bitcoin ausgerichtet. Vor allem aber entscheiden sich die Chancen eines krypto- oder rohstoffbasierten Geldstandards in Abhängigkeit vom US-Dollar. Als ultimative Leitwährung übernimmt er eine Ankerfunktion für andere Währungen oder die Bepreisung von Rohstoffen. Solange ausgehend vom Bretton-Woods-System der US-Dollar-Fiatgeld-Standard auf der Welt dominiert, dürfte sich keine andere alternative Währungsform in der Breite durchsetzen. Kleinere Abweichungen gibt es allerdings schon jetzt: China bezahlt seine Ölimporte immer seltener mit US-Dollar, und in einigen Regionen ist man davon abgerückt, seine Haushaltsreserven in US-Dollar umzuwandeln. Selbst Bitcoin ist für manche Staaten eine Option. Zum Beispiel investiert Rio, die Hauptstadt Brasiliens, ein Prozent ihrer Rücklagen in Bitcoin.[6] Dies zeigt, dass ein systemischer Geldwechsel in den nächsten Jahren zwar sehr unwahrscheinlich, aber nicht unmöglich ist. Die Kritik an unserem jetzigen Geld beziehungsweise Geldsystem wird in den nächsten Jahren nicht verstummen. Um größere Unruhen zu vermeiden, werden Staaten Antworten finden und unter Umständen bereit sein müssen, neue Wege zu gehen. Die Option, das eigene Geldmonopol zugunsten eines Bitcoin-Standards abzuschwächen, dürfte nicht ohne Not von den Staaten gewählt werden. Das Aufkommen immer weicherer Fiatwährungen, unterstützt durch digitales Zentralbankgeld, könnte wiederum eine Art Währungsdualismus befördern. In diesem Zusammenhang ist die stärkere und bewusstere Trennung zwischen Konsum- und Investitionsgeld gemeint. Mit sinkendem Vertrauen in die Wertstabilität des Fiatgeldes könnten die Cash- beziehungsweise Währungsreserven zugunsten harter Währungsalternativen reduziert werden.

DAS GELDDILEMMA DER 20ER-JAHRE

Im internationalen Vergleich dürfte der Schaden durch die massive Geldmengenausweitung in Deutschland besonders groß ausfallen. Bedingt durch eine vergleichsweise hohe Geldwertstabilität der Deutschen Mark und nun des Euros ist das Prinzip des Sparens etablierter als in den meisten anderen Nationen. Das bedeutet, dass die Deutschen in Relation zu anderen Vermögenswerten wie Aktien oder Immobilien einen besonders hohen Anteil an Geldwerten in Form von Tagesgeldkonten, anleihebasierten Lebensversicherungen etc. halten. Durch die Aufweichung des Geldes sind Sachwertbesitzer zu Gewinnern und Geldwertbesitzer zu Verlierern geworden. Besonders im Hinblick auf die Altersvorsorge besteht die Befürchtung, dass sehr viele Menschen mit ihren bisherigen Ersparnissen nicht in der Lage sein werden, die Rentenlücke zu schließen. Politik und Notenbanken sind daher gefordert, neue Wege zu gehen. Sollte man es nicht schaffen, einen höheren Grad an Geldwertstabilität zu etablieren – für viele Sparer wäre dies dennoch schon zu spät –, dann müssten staatliche Hilfsmaßnahmen erfolgen, um eine größere Altersarmut und Unzufriedenheit bei der Babyboomer-Generation zu verhindern. Gleichzeitig ist man bei der Abgabenbelastung für die arbeitende Generation am Limit. Durch den demografischen Wandel kommen aktuell auf einen Rentner gerade einmal zwei Beitragszahler – in den 1960er-Jahren waren es noch sechs. Vor diesem Hintergrund nimmt die Wahrscheinlichkeit zu, dass in den 20er-Jahren staatliche Sozialausgaben ansteigen werden, um gesellschaftliche Konflikte zu unterbinden.[7] Die Folge für unser Geld ist, dass es immer mehr dem Konsum dienen soll und immer weniger für Investitionen oder zum Sparen genutzt wird. Darüber hinaus öffnet sich die Schere zwischen Arm und Reich. Wer Sachwerte besitzt, profitiert von steigenden Kursen und einem guten Zugang zu Kredit, da er zum Beispiel über Immobilien verfügt, die als Sicherheit immer höhere Kreditsummen ermöglichen. Auf der anderen Seite wird es für die Sparer und große Teile der Mittelschicht immer schwieriger, Vermögen aufzubauen und für das Alter vorzusorgen. Neben dieser Dilemma-Situation erleben wir immer größere Marktineffizienzen.

Nicht der Markt, sondern der Staat lenkt verstärkt Geld in Industriezweige, sodass die dezentralen Marktkräfte abgeschwächt werden. Besonders in der Corona-Krise hat sich das planwirtschaftliche Momentum gezeigt, indem politisch entschieden wurde, welche Branchen und gegebenenfalls Konzerne man rettete und welche nicht. Aus gesellschaftlicher Sicht mögen derartige Entscheidungen nachvollziehbar sein. Aus einer rein markttheoretischen Sicht entstehen so allerdings verstärkt Fehlallokationen, die das langfristige Wirtschaftswachstum hemmen. Die dahinterstehende Logik ist äquivalent zur Evolutionstheorie nach Darwin und dem Prinzip der natürlichen Auslese. Wenn man mit öffentlichen Geldern Unternehmen rettet, die nicht mehr am freien Markt überleben können, dann reduziert man damit den Wirkungsgrad des Geldes. Umso weniger überlebensfähig ein Unternehmen wirtschaftlich ist, desto mehr Geld muss zur Aufrechterhaltung investiert werden. Die Rendite auf das Kapital nimmt damit immer weiter ab. Diverse Wirtschaftsexperten und Studien sprechen sogar schon von Zombifizierung, weil nicht mehr rentable Unternehmungen durch staatliches Geld und niedrige Zinsen künstlich am Leben gehalten werden.[8] Grundsätzlich gilt am Markt, dass hohe Renditen mit hohen Risiken einhergehen. Wenn nun die Notenbanken die Anleihen von Unternehmen wie Staaten aufkaufen, dann wird dieser Marktmechanismus verzerrt, das marktimmanente Anreizsystem außer Kraft gesetzt. Das reale Risiko eines Ausfalls wird immer weniger durch den Zins abgebildet, den der Kapitalanleger erhält. Schließlich muss eine Notenbank nicht nach marktwirtschaftlichen Prinzipien in Anleihen investieren. Ob nun zwei Prozent Zinsen auf eine Unternehmens- oder Staatsanleihe viel oder wenig sind, hängt in diesem Fall weniger von der wirtschaftlichen Lage als den politischen Rahmenbedingungen ab. Ein Wertpapieranalyst kann sich immer weniger auf die fundamentalen Kennziffern wie beispielsweise den Verschuldungsgrad stützen – wichtiger ist die politische Analyse. Gemessen am Verschuldungsgrad und der Wirtschaftsleistung ist der Zins für eine zehnjährige italienische Staatsanleihe viel zu niedrig. Ein Investment wäre also aus fundamentaler Marktsicht nicht empfehlenswert. Da allerdings die Europäische Zentralbank als größter Käufer dieser Anleihen einspringt, ändert sich das Bewertungsszenario, sodass politische Garantien Teil der Marktanalyse werden. Der aktuelle Trend, der bereits nach der Finanzkrise 2008 an Fahrt aufgenommen hat, könnte sich damit weiter verstärken. Das bedeutet, dass man die Kreditsumme im System erhöht, um angehäufte Ausfälle und Defizite zu bezahlen. Ohne Inflation sind den Notenbanken die Hände gebunden, von ihrer gegenwärtigen Geldpolitik abzukehren. Zumal man die privatwirtschaftlichen Akteure immer stärker verdrängt, was ebenfalls zu einer Abnahme der Marktdezentralität führt. Schließlich waren es in den letzten Jahren die Notenbanken und nicht die privatwirtschaftlichen Akteure, die den Großteil aller Staatsanleihen aufkauften. Dieses zunehmende Fernbleiben der Kapitalanleger zeigt, dass der freie Kapitalmarkt an Effizienz einbüßt. In den 20er-Jahren dieses Jahrhunderts ergibt sich damit ein großer Widerspruch. Die zunehmende Digitalisierung müsste die Märkte grundsätzlich effizienter machen. Durch staatlichen Interventionismus wird diese Effizienzsteigerung allerdings vorerst verhindert. Auch bremsen Corona-Pandemie und Ukraine-Krieg den Globalisierungsprozess, dem wir in den letzten Jahrzehnten einen immer günstigeren Konsum zu verdanken hatten. Aktuell spricht vieles dafür, dass wir uns in einer sehr festgefahrenen Situation befinden, die Staaten und Notenbanken nur wenig Spielraum lässt. Entsprechend hoch stehen die Chancen für makroökonomische und technologische Experimente wie zum Beispiel Helikoptergeld und digitales Zentralbankgeld. Gleichzeitig steht die Bankenlandschaft vor dem größten Strukturwandel, den sie seit dem 19. Jahrhundert durchlebt hat.

Viele Anhänger des harten Geldes sehen in Bitcoin durch seine deflationäre Natur einen Ausweg aus unserem aktuell inflationär angelegten Geldsystem. Doch wie bereits erwähnt, stellt sich die Frage, warum man Geld für Konsum ausgeben sollte, wenn dieses im Wert steigt. Die Konsum- und Investitionsbereitschaft bei inflationären Währungen ist höher als bei deflationären. Für Bitcoin bleiben daher vorerst nur zwei Funktionen: einmal, andere Währungen in Anlehnung an historische Goldstandards zu decken, zum anderen als Substitutswährung für den Krisenfall. Gerade in Ländern mit sehr hoher Inflation liegt die Vermutung nahe, dass Bitcoin zu einer Stabilisierung der Wirtschaft beitragen kann, um vorübergehend Waren und Dienstleistungen erwerben zu können. Bezogen auf seine

Funktion könnte man Bitcoin eher als (Krypto-)Wert denn als (Krypto-)Währung bezeichnen. Auch wenn es den Anhängern von hartem, privatem Geld unlieb ist, spricht aktuell nur wenig dafür, dass es in diesem Jahrzehnt zu einer Ablösung von US-Dollar, Euro und anderen Fiatwährungen kommt.

KEY LEARNINGS

- Aufgrund der hohen Staatsverschuldung und immer neuer Krisen, angefangen mit der Finanzkrise im Jahr 2008 und ihren Auswirkungen bis hin zur Corona-Pandemie und zum Ukraine-Krieg, haben sich die Staaten an billiges respektive »weiches« Geld gewöhnt. Gleichzeitig wird die Bevölkerung immer älter und das Wachstum bleibt aus. Leitzinserhöhungen, die nach Abzug der Inflation zu einem positiven Realzins führen, sind entsprechend kaum durchsetzbar, ohne die Finanzstabilität zu gefährden. Insbesondere Anhänger von »hartem« Geld befürchten, dass der Staat CBDC nutzt, um sie mit einprogrammierten Negativzinsen zu versehen und damit die Wertspeicherfunktion des Geldes zu unterminieren. Manche Extremposition reicht sogar so weit, zu unterstellen, dass die Hauptmotivation der Entwicklung von CBDC die Steuerung von Inflation ist.

- Dass sich Bitcoin in diesem Umfeld als Währung durchsetzt, ist eher unwahrscheinlich. Analog zum Gold eignet sich Bitcoin eher als spekulativer Wertspeicher denn als Bezahlmedium. Die deflationäre Natur von Bitcoin reduziert die Bereitschaft, diesen für Konsumausgaben zu nutzen. Sollte Bitcoin eines Tages die Volatilität eines Euro oder US-Dollar mit nur noch marginalen Wachstumsaussichten für den Kurs erreichen, dann könnte Bitcoin theoretisch zu einem guten Währungsersatz für Fiatwährungen werden.

6

DAS HYBRIDE FINANZSYSTEM: WIE BANKEN SICH WANDELN MÜSSEN, UM ZU ÜBERLEBEN

Als vor rund hundert Jahren das Automobil Einzug auf unseren Straßen hielt, waren Pferde beziehungsweise Pferdekutschen immer noch fester Bestandteil des Straßenbildes. Jahr für Jahr konnte man allerdings beobachten, wie Pferde immer öfter gegen das Automobil eingetauscht wurden. Blickt man nun auf unser Finanzwesen, dann sehen wir viele Parallelen zu diesem Prozess. Obwohl in den 20er-Jahren des letzten Jahrhunderts klar war, dass sich das Automobil gegenüber den Pferden durchsetzen würde, dauerte es lange, Vorbehalte abzubauen, Gesetze anzupassen oder neu zu schaffen und die notwendige Infrastruktur zu errichten.

Blicken wir auf die Blockchain-Technologie beziehungsweise die Token-Ökonomie dann stehen wir aktuell vor den gleichen Herausforderungen. Nach wie vor gibt es viele Vorbehalte gegenüber diesem Strukturwandel. Wie das Auto am Anfang des 20. Jahrhunderts wird die Blockchain-Technologie gern als Modeerscheinung abgetan. Es hat lange gedauert, bis sich die ersten Behörden und Banken bereit erklärt haben, sich der Technologie zu öffnen. Auch brauchte und braucht es Gesetzesänderungen, um eine rein digitale Abbildung von Wert rechtlich zu ermöglichen.[1,2] Vor allem fehlt noch die notwendige Infrastruktur. Was vor hundert Jahren die asphaltierten Straßen für das Automobil waren, sind heute unter anderem die Token-Verwahrstellen und Börsenbetreiber, die für die notwendige Token-Infrastruktur sorgen.

Es kann durchaus sein, dass diese Infrastruktur sehr schnell entsteht. Jede technologische Errungenschaft besitzt eine Adaptionsdynamik, die nach Erreichen eines gewissen Schwellenwertes an Marktdurchdringung zur schnellen Ausbreitung führen kann. Wann eine solche Schwelle erreicht ist, ist schwer vorherzusagen und hängt von verschiedenen Faktoren ab. Unterschiedliche Studien wie der Gartner Hype Cycle[3] oder ein Bericht von PwC[4] kommen zu dem Ergebnis, dass der Wendepunkt in der Blockchain-Etablierung etwa im Jahr 2025 erreicht wird. Dann dürften aus den heutigen Pilotprojekten etablierte kommerzielle Use Cases entstanden sein. Dass sich bislang nur wenige Menschen eine flächendeckende Integration von Token-Infrastrukturen in der Mitte dieses Jahrzehntes vorstellen können, liegt unter anderem am menschlichen Bias – also der kognitiven Verzerrung. Demnach neigen Menschen dazu, kurzfristige Entwicklungszeiträume zu überschätzen und langfristige zu unterschätzen.[5] Konkret würde dies bedeuten, dass innerhalb der nächsten zwei Jahre weniger umgesetzt wird, als wir uns unter Umständen vorstellen. Umgekehrt könnten bezogen auf einen Zeithorizont von fünf Jahren strukturelle Veränderungen eintreten, die wir uns heute noch nicht vorstellen können. Ob diese Annahme auch auf die Blockchain-Technologie zutreffen wird, kann man natürlich nicht sicher vorhersagen, auch wenn man Anhaltspunkte dafür findet. Dabei darf man nicht vergessen, dass die Blockchain-Technologie abhängig vom Digitalisierungsprozess im Allgemeinen und von konkreten Technologien wie dem Internet der Dinge oder künstlicher Intelligenz im Speziellen ist. Nimmt der Digitalisierungsgrad in der Verwaltung zu, indem weniger Verwaltungsakte über papierhafte Formulare abgewickelt werden, steigt damit gleichzeitig auch die Einsatzwahrscheinlichkeit von Blockchain-Anwendungen. Der Flaschenhals in der Entwicklung ist dabei selten die technologische Ausgereiftheit. Bereits heute ist technisch viel mehr möglich, als in der Praxis umgesetzt wird. Auch hier können wir uns wieder an der geschichtlichen Entwicklung des Automobils orientieren. Technologisch gesehen ist autonomes Fahren auf unseren Straßen bereits möglich – insbesondere der Autohersteller Tesla hat dies in der Praxis bereits unter Beweis gestellt. Dennoch wird es wahrscheinlich noch einige Jahre dauern, bis ganz regulär autonome Fahrzeuge auf unseren Straßen unterwegs sind. Nicht die Technologie ist also der limitierende Faktor, sondern die gesetzlichen und kulturellen Rahmenbedingungen. Dass Maschinen und Software uns Menschen immer stärker ersetzen, ist weder in bestehenden Gesetzen ausreichend berücksichtigt noch in unserem menschlichen Verständnis ausreichend kultiviert. Wenn bislang also ein Intermediär wie eine Bank oder Verwaltungsstelle für die Abwicklung eines Anliegens verantwortlich war, dann fällt es uns erst einmal schwer, zu akzeptieren, dass dies nun ein dezentrales Protokoll übernehmen soll. Insbesondere weil die Automatisierung für viele Menschen ein bedrohliches Element besitzt, braucht es längere Phasen der Annäherung – sozial, kulturell und rechtlich –, um letztlich auch unseren Finanzsektor auf die Token-Ökonomie umzustellen.

Aus diesem Grund deutet vieles auf ein komplementäres Finanzsystem hin, indem beide Systeme parallel zueinander existieren und sich dann aneinander angleichen, wobei das neuere das alte schrittweise ersetzt. Genau diesen Prozess kann man bereits sehr gut beobachten. Waren Kryptodienstleistungen bis 2020 weitestgehend von der traditionellen Finanzwelt isoliert, so kann man seitdem eine verstärkte Verschmelzung von Alt und Neu erkennen. Traditionelle Finanzinstitute kooperieren immer öfter mit Blockchain-Start-ups, um ihre Infrastrukturen zu erneuern. Bereits im Jahr 2020 existierte praktisch keine Großbank mehr, die nicht Blockchain-Spezialisten oder zumindest Blockchain-Beauftragte im Unternehmen beschäftigte. Doch nicht nur internationale Großbanken öffnen sich der Token-Infrastruktur, sondern auch traditionsreiche Privatbanken, von denen manche ihren Kundinnen und Kunden bereits Token-Verwahrlösungen anbieten.[6] Der Bankkunde kann daher bei einigen Banken nicht nur sein klassisches Wertpapierdepot unterhalten, sondern auch Bitcoin oder tokenisierte Wertpapiere wie beispielsweise digitale Immobilienanleihen.

Die Technologie steht für den Endkunden dabei immer weniger im Vordergrund. Einige Anbieter versuchen bewusst, in ihren Angeboten Begriffe wie Blockchain oder Token zu vermeiden, um Kundinnen und Kunden nicht zu verunsichern. Immobilien-Investmentplattformen wie Exporo setzen bereits heute standardmäßig auf die Tokenisierung, ohne dies bei Endkunden und Endkundinnenin besonderer Weise anzupreisen. Manch einer hat bereits in tokenisierte Immobilien investiert, ohne es mitbekommen zu haben. Diese unbewusste Nutzung neuer Infrastrukturen ist entscheidend, um eine Technologie zu etablieren. Hat man Mitte der 90er-Jahre des letztens Jahrhunderts eine Dienstleistung im Internet erworben, dann war dies eine geradezu aufregende Handlung. Wenn man also seinen Sommerurlaub im Jahr 1998 über einen Reiseanbieter im Internet gebucht hat, steckte dahinter eine ganz bewusste Entscheidung, nicht in ein Reisebüro zu gehen, sondern dies online zu erledigen. Wer hingegen im Jahr 2022 einen Flug im Internet gebucht hat, wird sich wohl kaum noch Gedanken darüber gemacht haben. In diesem Übergangsprozess wird es, wie bereits oben beschrieben, zu einer Eigendynamik kommen. Ab einem gewissen Schwellenwert der Nutzung treten alte Infrastrukturen in den Hintergrund, zum Beispiel das physische Reisebüro oder eben die Bankfiliale. Die Wertschöpfung einer Branche verlagert sich auf neue Infrastrukturen, weshalb die Wirtschaftlichkeit alter Infrastrukturen immer weiter abnimmt. Unternehmen, die es nicht schaffen, neue Geschäftsmodelle auf der neuen Infrastruktur zu errichten und ihren Kundenstamm dorthin zu überführen, bleiben auf der Strecke. Den Banken, die die Digitalisierung und damit auch die Token-Transformation verschlafen, droht das gleiche Schicksal wie den großen Reiseanbietern, die ums Überleben kämpfen oder bereits Insolvenz angemeldet haben.

MARODE BANKEN-IT UND DISRUPTIVER WETTBEWERB: BANKEN IN DER IDENTITÄTSKRISE

Wie stark der traditionelle Bankensektor technologisch hinterherhinkt, zeigt sich mit Blick auf die vorhandene Transaktionsinfrastruktur. Die sogenannten Core-Banking-Systeme (CBS) vieler Banken sind vollkommen veraltet. Diese alte Infrastruktur ist im Gegensatz zu FinTechs beziehungsweise Challenger-Banken, die oftmals auf Cloud-Lösungen setzen, nicht nur sehr teuer, sondern auch unflexibel. Neue Technologien wie eben Blockchain-Anwendungen lassen sich nur schwer mit diesen technisch überholten Systemen koppeln.[7] Von dem Ziel »Geld programmierbar« zu machen, sind diese Banken noch sehr weit entfernt. Neben den hohen Wartungskosten häufen sich aber auch die IT-Pannen bei Banken[8], was sich an verschiedensten Vorfällen zeigt: Mal sind es gesperrte Online-Banking-Zugänge, dann Einblicke in andere Konten oder auch Buchungen, die sich in Luft auflösen. Neben der zunehmenden Gefahr von Hackerangriffen zeigt sich eine Überforderung der hauseignen Systeme der Banken. Die veraltete IT betrifft dabei nicht nur einzelne Banken, sondern das gesamte Bankensystem. So kam es am 23. Oktober 2020 zu einem Totalausfall im Eurosystem. Konkret ging es um das Target2-System, das europäische Banken mit der Europäischen Zentralbank (EZB) verbindet. Für mehrere Stunden war die Transaktionsabwicklung ausgesetzt.[9] Dieses Beispiel zeigt nicht nur die Defizite der aktuellen Finanzinfrastruktur, sondern auch den grundsätzlich hohen Zentralisierungsgrad. Der sogenannte Single Point of Failure, also beispielsweise ein Tippfehler im Programmcode einer Software, kann zum Ausfall aller angeschlossenen Systeme führen. In einem dezentralen System wie dem Internet wäre so etwas nicht möglich. Einen Komplettausfall des Internets hat es schließlich noch nie gegeben. Eine stärkere Dezentralisierung des Banking-Sektors durch blockchain-ähnliche Systeme würde folglich zu einer höheren Resilienz des gesamten Finanzsystems führen. Ein digitaler Euro, der auf einer Distributed-Ledger-Technologie aufbaut (DLT), wäre ein Schritt, die alte Infrastruktur zu überkommen und gleichzeitig die Programmierfähigkeit des Geldes durch smart-contracts-fähige Token-Infrastrukturen zu erhöhen.

Die Fehleranfälligkeit zentraler Systeme hat sich 2020 auch an anderer Stelle gezeigt: Der Wirtschaftsskandal rund um den ehemaligen DAX-Konzern Wirecard sorgte in Deutschland und auch weltweit für Aufsehen. Wirecard hatte über Jahre hinweg Luftbuchungen in Milliardenhöhe vorgenommen, um seine Bilanz aufzubessern. Das einstige Vorzeigeunternehmen der New Economy wurde praktisch über Nacht zum Skandalunternehmen schlechthin. Wie konnte ein DAX-Konzern über Jahre derart betrügen, ohne dass es die deutsche Finanzaufsicht BaFin mitbekommen haben soll? Nicht nur Aktionäre fragen sich, wie 1,9 Milliarden Euro einfach so verschwinden konnten.[10]

Die Transaktionsabwicklungen des Internetzahlungsdienstleisters Wirecard waren eben doch nicht so transparent, wie man sich das bei einem vermeintlich hoch regulierten Finanzkonzern vorstellt. Jene Intransparenz wäre allerdings durch eine moderne und dezentrale Finanzinfrastruktur, insbesondere aus Sicht der Aufsichtsbehörden, vermeidbar gewesen. Auf einer genehmigungsfreien Blockchain oder im Rahmen einer DLT-basierten Finanzinfrastruktur hätte man die Transaktionsinformationen durch Verschlüsselung öffentlich zugänglich machen können. Die »Luftbuchungen« wären sichtbar geworden, ohne sensible Daten preisgeben zu müssen. Vor allem automatisierte Prüfprozesse durch Robo-Audits, die eine automatisierte Rechnungsprüfung ermöglichen, hätten derartige Vorgänge verhindern können.[11] Dass wir noch nicht so weit sind, liegt weniger an der technologischen Machbarkeit als an der mangelnden Reformbereitschaft im Finanz- und Regulierungssektor. Doch nicht nur die Echtzeitanalysen und Prozessoptimierungen machen das Finanzsystem widerstandsfähiger, sondern auch die breitere Verteilung von Informationen. Das hohe Maß an Intransparenz und fehlender Zugänglichkeit von Informationen hat mit zur Finanzkrise 2008 beigetragen. Die Öffentlichkeit hatte keine Vorstellung davon, was die Subprime-Kredite beziehungsweise Verbriefungen für ein hohes systemisches Risiko angehäuft hatten.[12] Das Schicksal von ganzen Volkswirtschaften hängt damit bis heute in einem sehr hohen Maße von den führenden Banken dieser Welt ab. Theoretisch hätte auch heute noch jede einzelne der 100 größten Banken das Zeug dazu, den Finanzsektor ins Wanken zu bringen und genau wie damals bei Lehman Brothers eine Kettenreaktion herbeizuführen. In diesem Kontext hatte damals die Aussage »too big to fail« die Runde gemacht. Setzt man dieses Statement in Verbindung mit der Blockchain-Technologie, dann geht es weniger um die Bilanzsummen der einzelnen Bankhäuser, sondern eher um die Frage, ob es möglich ist, mehr Informationen zur öffentlichen Verarbeitung sichtbar zu machen, ohne dabei den Datenschutz infrage zu stellen. Die Blockchain-Technologie kann hierbei eine Reformierung des Finanzwesens anstoßen, um als ein Werkzeug beziehungsweise als Basistechnologie einen moderneren Finanzsektor zu errichten.

Neben den Infrastruktur-Altlasten, die Banken mit sich herumschleppen, sind sie Tech-Konzernen und FinTechs auch hinsichtlich der Verwertung von Daten unterlegen. Unser Daten-Fußabdruck wird immer größer und aus Vertriebssicht immer wertvoller. Wer also den besten Zugang zu Daten hat und weiß, wie er diese intelligent auswertet und nutzt, wird am erfolgreichsten im Vertrieb von Finanzdienstleistungen sein. Hinzu kommt die Fähigkeit oder die Notwendigkeit, einen möglichst direkten Kanal der Ansprache zu finden. Meta, Google, Apple etc. stehen dabei Regionalbanken wie Sparkassen oder Volksbanken gegenüber. Auch wenn nach wie vor die meisten

Menschen ihr Konto bei Regionalbanken haben und diese auch über jede Menge Daten verfügen, sind ihnen die Datenanalysten aus dem Silicon Valley zweifelsohne überlegen. Zumal die Banken nicht über eigene digitale Kanäle verfügen, die sie kontrollieren. Meta hat die volle Kontrolle über seine Messenger-Dienste und kann entsprechend entscheiden, wer, wann, unter welchen Parametern, mit welcher Werbung beziehungsweise Ansprache konfrontiert wird.

Während im Callcenter der Bank Kundenlisten abtelefoniert werden, die vielleicht nach einer Handvoll Kriterien gefiltert sind, kann sich Amazon auf seinen Sprachassistenten Alexa verlassen und das Kaufverhalten auf der hauseigenen Plattform steuern und analysieren. Genau wie bei allen anderen großen Plattformunternehmen soll auch bei dem Online-Händler das Banking zukünftig eine größere Rolle spielen. Der Marktplatz bietet in Kooperation mit Banken in einzelnen Regionen bereits seit 2011 kleinere Kredite zwischen 1.000 und 750.000 US-Dollar an.[13] Mit einem Kreditvolumen von unter einer Milliarde US-Dollar ist dieser Service allerdings immer noch verschwindend gering. Amazon richtet sich damit an kleinere Unternehmen, die von dem bequemen Kreditangebot profitieren sollen, um ihr Geschäft bei Amazon weiter ausbauen zu können. Dass diesem Kreditgeschäft der große Durchbruch bislang verwehrt blieb, liegt unter anderem daran, dass der Konzern keinen Zugriff auf die Kredithistorie seiner Kundinnen und Kunden hat.

Doch EU-Regeln aus dem Jahr 2018 – in Großbritannien als »Open Banking« und im übrigen Europa als PSD2 bekannt – könnten das ändern und Amazon dabei helfen, fundiertere Kreditentscheidungen zu treffen.[14] Die Vorschriften erlauben es Technologieunternehmen, auf Kundendaten von Banken zuzugreifen, wenn sie über die Erlaubnis der Kundinnen und Kunden verfügen. Ein solcher Zugriff würde es Amazon ermöglichen, Informationen wie Rückzahlungshistorien und Einnahmen von anderen Marktplätzen zu sehen. Durch die neue

Regulatorik erhält Amazon Zugriff auf die wertvollsten Daten überhaupt: Finanzdaten. Auch der Amazon-Rivale eBay ist aus diesem Grund eine Kooperation mit der Banco Santander eingegangen.[15] Durch das Zusammenführen der Daten erhofft man sich auf beiden Seiten bessere Produkte. In den allermeisten Fällen dürfte dabei aber eher der Internetkonzern profitieren. Auch wenn Banken durch solche Kooperationen kurzfristig positive Effekte erwarten dürfen, begeben sie sich langfristig immer stärker in die Abhängigkeit von Plattformunternehmen. Der einzelne Bankmitarbeiter konkurriert mit Algorithmen, die die schiere Masse an Daten leicht auswerten können. Auf Basis dieser Auswertung wird es zu passgenaueren Kundenansprachen kommen – am Ende steht ein höherer Vertriebserfolg für die Tech-Konzerne. Selbst der emphatischste Bankberater wird Schwierigkeiten haben, den besten Vertriebszeitpunkt für einen Hauskredit, einen Altersvorsorgevertrag oder eine Kreditkarte mit Zusatzleistungen zu bestimmen. Ganz anders sieht es mit dem Algorithmus aus, der unser Online-Verhalten vollumfänglich ausgewertet hat.

In diesem Wettbewerb degradieren Tech-Konzerne Banken zu einfachen Infrastrukturdienstleistern. Langfristig gilt das nicht nur für die kleinen Banken, sondern auch für die ganz großen. So sind die Tech-Konzerne oftmals noch darauf angewiesen, mit Banken zu kooperieren. Amazon kooperiert für seinen Kreditservice genauso mit Goldman Sachs wie Apple, das seine Kreditkarte Apple Card über die amerikanische Investmentbank herausgibt.[16] So lange alternative Banking-Strukturen noch nicht etabliert genug sind, sind solche Kooperationen für beide Seiten durchaus lukrativ. Das wird sich mit DLT-Finanzinfrastrukturen jedoch ändern. Die Transaktionsinfrastruktur wird auf Blockchain-Infrastrukturen ausgelagert und funktioniert unabhängig von Banken. Wenn ein Kunde aufgrund besserer Konditionen und höherer Nutzerfreundlichkeit mit einem Stablecoin seine Uber-Fahrt oder sein Spotify-Abo bezahlt, dann braucht es zur Abwicklung keine Bank im Hintergrund. Die einzige Bastion der Banken, die noch bleibt, sind die Lizenzen, die gegenwärtig für das Betreiben von Finanzgeschäften notwendig sind. Gerade die hohen regulatorischen Anforderungen der Aufsichtsbehörden, über die Banken gern laut stöhnen, halten die junge Konkurrenz zurück. Banken sind deshalb mehr denn je vom Schutz der Staaten und von deren restriktivem Vorgehen gegen Blockchain-Innovationen wie Stablecoins abhängig.

Allerdings ist es nicht so, dass automatisch alle Banken aus dem Markt gedrängt werden. Einige von ihnen werden es auch in diesem neuen Umfeld schaffen, sich zu positionieren. Eine Voraussetzung dafür ist Innovation, wie sie bei der Investmentbank JPMorgan stattfindet[17]. So hat JPMorgan eine eigene Blockchain-Lösung entwickelt und testet einen Stablecoin. Auch investiert man in Krypto-Start-ups, um Zugriff auf und Kontrolle über Finanzmarktinnovationen zu erhalten. Einige kleinere Banken in Deutschland arbeiten wiederum mit Tokenisierungs-Start-ups zusammen, um Wertpapierverbriefungen digital abbilden zu können. Im Idealfall findet eine Verschmelzung zwischen alten und neuen Strukturen statt, sodass am Ende ein wettbewerbsfähiges Unternehmen steht.

Außerdem gibt es nach wie vor auch Bereiche in einer Universal- oder Investmentbank, die nicht so schnell unter die Räder kommen. Während der Zahlungsverkehr und das Geschäft mit standardisierten Finanzdienstleistungen immer stärker unter Druck geraten und immer geringere Margen übriglassen, sind andere Dienstleistungen nicht so schnell ersetzbar, seien es das Kreditgeschäft mit Großkunden, das M&A im Investmentbanking oder auch die gehobene Vermögensberatung wie im Private Banking, die ein Robo-Advisor noch nicht leisten kann.

Im Großen und Ganzen erscheint es trotzdem naheliegend, dass viele Banken in dieser Dekade nach und nach in eine schwere Identitätskrise geraten dürften. Denn neben neuen Strukturen und disruptiver Konkurrenz verändern sich auch

Gewohnheiten. Einer der letzten Gründe, eine Bank aufzusuchen, entfällt immer öfter. Statt Bargeld am Automaten abzuheben, bieten viele große Supermärkte an, dies direkt beim Bezahlen an der Kasse zu erledigen. Zumal die Häufigkeit der Bargeldzahlungen durch Karten- beziehungsweise Smartphonezahlung deutlich abnimmt. Auch im bargeldverliebten Deutschland ist der Trend eindeutig, insbesondere unter jungen Menschen wird die elektronische Zahlweise dem Papiergeld vorgezogen. Laut einer Studie[18] der ING-Bank aus dem Jahr 2020 zahlen von den 25- bis 34-jährigen nur noch 24 Prozent in bar, wenn es um den Lebensmitteleinkauf geht. Doch die Corona-Pandemie beschleunigt den Wechsel zum kontaktlosen Bezahlen auch bei älteren Menschen. So gaben 44 Prozent aller Befragten an, ihre Bargeldnutzung einzuschränken. Wenn es nach Amazon geht, dann scheint selbst die Kartenzahlung nur eine Übergangslösung zu sein. Die eigene Supermarktkette Amazon Go kommt ganz ohne Kassen aus.[19] Wer etwas einkauft, muss sich lediglich via Smartphone am Eingang registrieren. Anschließend erfassen Kameras, was eingekauft wird. Wie aus einem neuen Patent hervorgeht, soll dieser Verifizierungsvorgang zukünftig auch ohne Smartphone möglich sein, indem der Supermarktkunde seine Handfläche scannt, um einen Einkauf zu tätigen.[20]

Blickt man weiter in die Zukunft, dann dürften manuelle Bezahlvorgänge bei Einkäufen des täglichen Bedarfs früher oder später ganz entfallen. In China kann man bereits heute mit dem Gesicht bezahlen oder im Hotel oder Flugzeug einchecken. Seit 2019 müssen Chinesen, die einen Handyvertrag abschließen, ihr Gesicht scannen lassen. Laut der South China Morning Post soll rund die Hälfte der gesamten chinesischen Bevölkerung Dienstleistungen wie einen Hotel-Check-in via Gesichtserkennung in Anspruch genommen haben.[21] Auch hier stellt sich die Frage, ob die KI-Softwareprogramme oder Big-Data-Analysetools von den Banken entwickelt werden oder von anderen Technologiefirmen.

Aktuell jedenfalls sieht es nicht so aus, als würden die Banken diesen Transformationsprozess proaktiv gestalten. Die Folge dürfte sein, dass Banken in ihrer Wertschöpfungsstufe immer weiter nach unten degradiert werden. Der Zahlungsverkehr als eine der Grundfunktionen einer Bank wird damit schrittweise an Tech-Unternehmen ausgegliedert.

In dieser Infrastruktur-Aufbauphase ist es vor allem noch die Old Economy, die das Geschäft dominiert. So sind es Daimler oder Volkswagen, die mehr Autos verkaufen als Tesla. Im Banking-Bereich sieht es nicht anders aus, hier nehmen Sparkassen oder Privatbanken wie die Deutsche Bank noch die meisten Marktanteile ein und nicht die Plattformunternehmen, FinTechs oder Blockchain-Angebote. In der Automobilbranche ändert sich dies langsam. So versuchen die alten Player, selbst noch die Kurve in der Elektromobilität zu bekommen. Die deutschen Automobilbauer Volkswagen, Daimler und BMW müssen sich radikal wandeln, damit sie nicht zu unbedeutenden Zulieferern von Tesla oder Apple degradiert werden. Dadurch, dass die Wertschöpfung im Mobility- wie auch im Finanzsektor immer stärker durch Daten- und Plattformangebote generiert wird, können auch die Giganten aus dem Silicon Valley in beiden Branchen die Wertschöpfung der Old Economy für sich vereinnahmen.[22]

In diesem Wandel geht es dabei nie nur um *die* künstliche Intelligenz, *die* Blockchain-Technologie oder *die* Elektromobilität. In der Automobil- wie auch in der Finanzindustrie geht es primär darum, das Sammelsurium aller neuen Technologien ganzheitlich umzusetzen. Es bringt also nichts, einfach nur alle Transaktionen auf Token umzustellen, wenn man künstliche Intelligenz, das Internet der Dinge oder Big Data vernachlässigt. Wenn Automobilkonzerne oder Banken den Anschluss verlieren, dann, weil sie die Digitalisierung als Ganzes verschlafen haben, und selten, weil eine einzelne Technologie zu kurz gekommen ist.

KEY LEARNINGS

- Wie schnell sich Blockchain- und Token-Infrastrukturen durchsetzen, hängt neben der gesellschaftlichen und rechtlichen Etablierung vor allem vom grundlegenden Digitalisierungsgrad ab. Das Internet der Dinge und künstliche Intelligenz können dabei als wichtigste technologische Treiber identifiziert werden.

- Die aktuelle Entwicklung läuft auf einen komplementären Bankensektor hinaus, weil traditionelle Bankdienstleistungen immer stärker mit dezentralen Anwendungen über offene Infrastrukturen (Open Banking) angereichert werden.

- Die aktuellen IT-Systeme der Banken sind zum Teil in einem sehr schlechten Zustand, was regelmäßig zu Pannen führt. Dabei stellt nicht nur die Thematik des Single Point of Failure ein Problem dar, es fehlt auch an der Kompatibilität mit neuen Softwarelösungen sowie IT-Infrastrukturen und grundlegenden Smart-Contracts-Fähigkeiten.

- Kooperationen zwischen Banken und Plattformunternehmen dürften langfristig nachteilig für die Finanzinstitute sein, da sich ihre Abhängigkeit erhöht und die Wertschöpfung sich verlagert. Insbesondere alternative Finanzinfrastrukturen wie Metas Wallet-Lösungen oder PayPals Token-Dienstleistungen schwächen die Position der Banken.

- Banken befinden sich in einer Identitätskrise, da ihre Kerndienstleistungen schleichend von alternativen Bezahl-, Kredit- oder Anlagealternativen ausgehöhlt werden. Genau wie Elektromobilität und autonomes Fahren unser Verständnis von Mobilität verändern, verändern Blockchain-Anwendungen unser Verständnis von Geld und Mittelsmännern.

7

NEUE FORMEN DES GELDES: DIE NÄCHSTEN SCHRITTE DER FINANZEVOLUTION

Kryptowährungen, digitales Zentralbankgeld und die Tokenisierung im Allgemeinen sprechen dafür, dass in dieser Dekade nichts so bleibt, wie es ist. Finanzmarkt- und Geldinnovationen hinterfragen im Spannungsfeld von Politik und Gesellschaft sicher geglaubte Institutionen und Gewissheiten. Doch wie kommt das Neue in die Welt? Mit welchen neuen Innovationen und Schritten können wir rechnen? Einen Hinweis darauf liefern zivilgesellschaftliche Bewegungen, wie wir sie heute vor allem in den sozialen Medien beobachten können. So nahm im Juni 2021 ein Trend auf Twitter an Fahrt auf.

Mit einer Bildretusche im eigenen Social-Media-Profilbild, durch die sie Laseraugen erhielten, drückten Menschen ihre Unterstützung für Bitcoin aus. Nicht mehr nur Tech-Enthusiasten, sondern auch Politiker und Politikerinnen, gar Präsidenten – darunter auch der Präsident von El Salvador, Nayib Bukele, der als großer Kryptofan gilt – zeigten sich im Profilbild mit Laseraugen. Dass dem auch Taten folgen können, zeigte die anschließende Gesetzeseinreichung des noch jungen salvadorianischen Präsidenten. Was bis dato als unvorstellbar galt, sollte auf einmal in nur wenigen Tagen Gesetz werden. Das Vorhaben von Bukele, Bitcoin als offizielles Zahlungsmittel einzuführen, wurde am 9. Juni 2021 vom Parlament gebilligt; am 7. September kam es dann zur offiziellen Einführung.[1] Damit ist El Salvador die erste Nation überhaupt, die ein hybrides Währungssystem besitzt, das zwischen nicht staatlicher Krypto-Ökonomie und traditionellem Zentralbanksystem angesiedelt ist. Dass das Land dieses Währungsexperiment eingeht, kommt nicht von ungefähr. Denn El Salvador steht wie viele lateinamerikanische Nationen vor dem Problem, eine funktionierende Fiatwährung aufzubauen. Die ehemalige Landeswährung, der Colón, ist schon seit 2001 nicht mehr im Einsatz. Seitdem dient der US-Dollar als Substitut.[2] Trotz der Argumente, die gegen Bitcoin als Zahlungsmittel sprechen, sieht die salvadorianische Regierung mehr Chancen als Risiken. Neben einer größeren Unabhängigkeit vom US-Dollar erhoffen sich die Gesetzesbefürworter, dass ausländisches Kapital in das Land fließt und sich Krypto-Unternehmen ansiedeln. Schließlich bringt die Anerkennung von Bitcoin als Landeswährung massive Steuervorteile mit sich und dient als attraktiver Rahmen für die Ansiedlung von Bitcoin-Mining-Unternehmen. Darüber hinaus erhalten viele Einwohner El Salvadors Zugang zu Finanzinfrastrukturen. Zuvor war ein Großteil der Menschen auf teure Zahlungsdienstleister wie MoneyGram oder Western Union angewiesen, um Geld zu überweisen, da mehr als die Hälfte der Bevölkerung kein Bankkonto besitzt.[3] Durch die Ergänzung des US-Dollars um Bitcoin können die Transaktionskosten deutlich gesenkt werden. Zuvor betrugen sie teils bis zu 20 Prozent der gesamten Überweisungssumme. Neben diesen sehr direkten und praktischen Vorteilen geht es aber auch darum, bereit zu sein, wenn Token-Infrastrukturen zum weltweiten Standard werden. Anstatt also zu versuchen, teure und veraltete Finanzinfrastrukturen nach altem Bankenstandard aufzubauen, kann El Salvador im Sinne einer Sprunginnovation direkt auf eine zeitgemäße und schlanke Blockchain-Infrastruktur setzen. Aus der Not wird so eine Tugend.

Im Zuge dessen haben sich bereits Regierungsvertreter anderer lateinamerikanischer Staaten zu Wort gemeldet. Unter anderem gab es Stimmen aus Honduras, Paraguay oder sogar Mexiko, wo sich Bewegungen für eine Bitcoin-Einführung innerhalb der Politik formiert haben.[4] Dieses Kryptowettrennen gefällt den großen internationalen Finanzorganisationen allerdings überhaupt nicht. Sei es der Internationale Währungsfonds (IWF), sei es die Weltbank oder die Bank für Internationalen Zahlungsausgleich (BIZ): Sie alle werfen El Salvador verantwortungsloses Handeln vor und lehnen die Einführung des Bitcoins ab.[5,6,7] An dieser Stelle zeigt sich ganz besonders, wie groß die Interessenskonflikte auf internationaler Ebene sein können, die einer Krypto-Etablierung entgegenstehen. Schließlich darf man nicht vergessen, dass IWF und Weltbank

Nachfolgeorganisationen des Bretton-Woods-Abkommens sind. Ihre Kritik dürfte sich daher nicht nur gegen die Vermischung von Währungssystemen richten, sondern auch gegen die Unterwanderung des US-Dollars und der damit einhergehenden Standards der USA. Verstärkt wird dieser Affront durch die Emission einer Bitcoin-Staatsanleihe. Die erste Anleihe dieser Form besitzt ein Emissionsvolumen von einer Milliarde US-Dollar. Während die eine Hälfte in Infrastruktur, konkret den Bau einer sogenannten Bitcoin City investiert werden soll, ist die andere Hälfte als Bitcoin-Wertanlage vorgesehen.[8] Durch die erhoffte Aufwertung von Bitcoin gegenüber dem US-Dollar sollen die US-Dollar-Schulden problemlos zurückgezahlt werden können. So zumindest die Wunschvorstellung des Präsidenten, die von vielen Finanzexperten sehr kritisch gesehen wird. So sprechen die Reaktion der US-Ratingagenturen seit der Bitcoin-Einführung eine eindeutige Sprache – sie sehen als Folge des Währungsexperimentes eine Bonitätsverschlechterung des Landes.[9] Auch wenn nicht damit zu rechnen ist, dass große Industrieländer Bitcoin als Landeswährung einführen, kann es in der Nische bei kleinen Nationen als »Back-up-Währung« zu einer beliebten Alternative werden. Zumal Bitcoin nur die Spitze des Eisbergs darstellt. Wenn sich die Menschen einmal an Token gewöhnt haben, dürften auch Stablecoins oder Utility Token einen kommerziellen Use Case erfahren, der über die Spekulation hinausreicht.

WIE SIEHT INTELLIGENTES GELD AUS?

Ganz gleich, ob wir zu Hause sitzen oder im Supermarkt einkaufen: Netzbetreiber wie die Deutsche Telekom sorgen dafür, dass wir online Informationen abrufen können. Theoretisch könnten diese Netze auch dezentral strukturiert sein – das Internet besitzt ebenfalls eine grundsätzlich dezentrale Struktur. Dennoch findet die Datenabwicklung durch zentrale Akteure wie Google, Meta, Amazon etc. statt. Wie bereits zuvor erwähnt, gibt es ab einem gewissen Grad an Interkonnektivität Probleme: Zum einen stoßen die zentralen Abwickler an ihre Grenzen, zum anderen nimmt auch die Gefahr von Hackerangriffen und Ausfällen zu. Selbst bei Google kam es in der Vergangenheit zu kurzzeitigen Ausfällen. Unter anderem waren einzelne Google-Dienstleistungen am 14. Dezember 2020 für mehrere Stunden nicht verfügbar.[10]

Je mehr Schnittstellen in allen Geschäfts- und Lebensbereichen entstehen und um die oft skizzierte Werteebene ergänzt werden, desto naheliegender wird eine dezentrale Steuerung. Insbesondere in Hinblick auf die Einführung des Mobilfunkstandards 5G in den nächsten Jahren nimmt die Vernetzung zwischen Endgeräten massiv zu. Aus diesem Grund ist es nachvollziehbar, dass beispielsweise auch T-Systems, eine Tochter der Deutschen Telekom, Blockchain-Infrastrukturen austestet. Wer Kommunikationsnetzwerke betreibt, kann auch als Abwickler von dezentralen Transaktionen einen vertrauenswürdigen Knotenpunkt darstellen. Für die Abwicklung solcher dezentraler Strukturen gibt es verschiedene Verfahren. Vielen dürfte das sogenannte Mining ein Begriff sein, das bei Bitcoin zum Einsatz kommt. Hierbei wird das Netzwerk durch Hochleistungsgrafikkarten abgesichert, die sehr viele stromintensive Rechenverfahren durchführen müssen. Im Gegenzug werden die sogenannten Miner mit der jeweiligen Kryptowährung der entsprechenden Blockchain »bezahlt«. Der Fachausdruck für diese Art der Netzwerkabsicherung lautet Proof of Work. Dabei wird eine sehr energieintensive Arbeitsleistung erbracht, die wiederum für ein ausreichend hohes Maß an Sicherheit sorgt. Ein anderes Verfahren, das deutlich ressourcenschonender ist, ist das sogenannte Staking (Proof of Stake). Hierbei wird das Netzwerk durch die Einlage eines Netzwerkteilnehmers abgesichert. Konkret stellt also ein Betreiber eines Knotenpunktes seine Token als eine Art Pfand zur Verfügung. Dem Anteil seiner Token entsprechend kann dieser Netzwerkteilnehmer an der Abwicklung respektive Verifizierung der Transaktionen mitwirken. In der Erwartung, dass Netzwerke in Zukunft immer stärker dezentral betrieben werden müssen, können besonders Betreiber vertrauenswürdiger Knotenpunkte, wie zum Beispiel die Deutsche Telekom oder eine Hochschule, Teil dieser Infrastruktur werden und daran mitverdienen.

So bietet die Telekom-Tochter bereits heute Staking-Dienstleistungen an und trägt damit dazu bei, öffentliche Blockchain-Netzwerke abzusichern. Für den Telekommunikationsriesen entsteht damit ein neues Geschäftsmodell, das sich zwischen Netzwerkinfrastruktur und Finanzdienstleistung ansiedelt.[11] Welche Blockchain-Anwendungen über diese Art und Weise abgesichert werden, ist beliebig: Ein Social-Media-Netzwerk ist genauso denkbar wie eine Buchungsplattform oder eben Finanzdienstleistungen wie der Geld- oder Vermögenswerttransfer. Alle bisherigen Finanzinfrastrukturen werden dadurch infrage gestellt. Angefangen vom Korrespondenzbankensystem, den Abwicklungsgesellschaften wie SWIFT oder Visa bis hin zu Zentralverwahrern für Wertpapiere wie die Clearstream in Deutschland. Auf den ersten Blick mag sich dies für die meisten Menschen, die nicht hauptberuflich damit zu tun haben, sehr trocken und irrelevant anhören. Dennoch legen diese Umbrüche den Grundstein für eine offenere, stärker vernetzte und automatisierte Finanzinfrastruktur, die wiederum neue Anwendungen und Geschäftsmodelle ermöglicht. Diese Systeme betreffen wiederum unser aller Alltag, ganz gleich, ob es sich um die dezentrale Energieversorgung, autonomes Fahren oder behördliche Verwaltungsvorgänge handelt. Damit es zu einem höheren Automatisierungsgrad kommen kann, bedarf es allerdings digitaler Identitäten. Das selbstständig agierende Auto, die Fabrikmaschine und letztlich auch der Mensch müssen sich für Transaktionen digital und ohne aufwendige Verifizierungsprozesse ausweisen können. Schließlich nimmt mit dem Zuwachs an internetfähigen Endgeräten auch die Maschinenkommunikation zu. Ein Auto oder eine Drohne müssen wissen, mit wem sie Transaktionen durchführen, um Missbrauch zu unterbinden. Dazu müssen Fahrzeugpapiere oder Personalausweise in die digitale Welt übersetzt und automatisierbar gemacht werden. Nicht bei jeder Transaktion kann ein Mensch die Identitäten überprüfen.

Digitale Identitäten von Menschen und Maschinen sowie die damit einhergehende effizientere Informationsverteilung bewirken, dass sich der »Fluss des Geldes« ändert: Geld wird immer stärker an unsere Identität oder die Identität des handelnden Objektes gebunden sein. Dadurch werden in den programmierbaren Infrastrukturen, in denen das Geld »fließt«, die Informationsdichte und der Informationsfluss angereichert. Je weniger Transaktionen manuell ausgeführt werden und je mehr Informationen beziehungsweise Daten vor der Transaktionsausführung bereitstehen, desto effizienter wird die Verteilung des Gutes Geld. Umgangssprachlich muss also weniger Geld eingesetzt werden, um einen erwartbaren oder wiederkehrenden Effekt zu erzielen. Dies setzt voraus, dass künstliche Intelligenz für monetäre Transaktionen nutzbar gemacht werden kann. Aktuell ist dies nur sehr eingeschränkt der Fall, da unsere Kontenbücher wie funktionslose und nicht-kompatible Excel-Tabellen aufgebaut sind. Der Kontenführer respektive der Systemadministrator kann zwar Haben- und Soll-Bestände in die Tabelle eintragen, aber die Automatisierungsfunktionen und Schnittstellen zu externen Informationsquellen und -lieferanten fehlen bislang oder sind sehr stark begrenzt. Ein Blockchain-Protokoll hingegen kann aus einer kaum kompatiblen und funktionsarmen Excel-Tabelle eine hochkompatible und automatisierbare Datenbank machen. Durch offene Infrastrukturen, Smart-Contracts-Fähigkeit sowie Token-Einheiten kann so die Befehls- und Informationsflut externer Akteure verarbeitet werden.

Damit unsere Geldinfrastruktur diese neue Entwicklungsstufe erreicht, muss sichergestellt werden, dass ausreichend korrekte Daten dem Blockchain-Protokoll zufließen. Das »Füttern« mit Daten geschieht über sogenannte Oracles. Darunter versteht man Softwareprogramme, die als Schnittstelle zwischen Datenlieferanten und Blockchain-Netzwerken einen sicheren Informationsaustausch gewährleisten.[12] Das können Messwerte von Wetterstationen sein, Echtzeitkurse von Aktien oder Bewegungsdaten von Fahrzeugen. Von IoT-Sensoren aus Kühllagern über einfach abzurufende Online-Daten, wie wir sie auch via Suchmaschine finden, können unterschiedlichste Datenquellen und -lieferanten – offline wie online – für Oracles bestimmt werden. Ein simples Beispiel für eine Oracle-Anwendung ist das einer einfachen Rechtsschutzversicherung für Flugausfälle oder Verspätungen. Empfängt ein Smart Contract via Oracle die Information, dass sich der Flug von Frankfurt nach New York um zwei Stunden verspätet, dann könnte vollkommen automatisiert eine vorher abgeschlossene Flugversicherung greifen. Der gesamte Prozess könnte zu 100 Prozent automatisiert ablaufen, niemand müsste das Geld anweisen, damit es der Geschädigte erhält. Sachbearbeiterstellen und Finanzintermediäre wären praktisch obsolet. So simpel dieser Vorgang auch sein mag, zeigt er, warum token-basierte Infrastrukturen und token-basiertes Geld notwendig sind, um ein neues Level an Automatisierung und Informationsdichte zu erreichen.

Auf der anderen Seite zeigt sich dadurch auch, dass programmierbares Geld gegenwärtig noch nicht die Relevanz besitzt, die es eines Tages haben wird. Viele Prozesse sind noch nicht ausreichend digitalisiert und automatisiert, sodass programmierbares Geld und dezentrale Netzwerke noch weit davon entfernt sind, ihr eigentliches Potenzial auszuschöpfen. Ganz gleich, ob Kryptowährungen wie Bitcoin oder digitales Zentralbankgeld – es können erst die wenigsten Unternehmen, Haushalte und Staaten wirklich etwas damit anfangen. Man steht, wie in den 90er-Jahren beim Internet, vor der großen Frage, wie man diese neue Technologie sinnvoll einsetzen und integrieren kann.

DIE MACHT DER GESETZE

Ein Begriff, der dezentrale Finanzanwendungen auf Blockchain-Basis umfasst, ist Decentralized Finance, kurz DeFi. Dabei wird die Frage aufgeworfen, warum es überhaupt traditionelle Finanzintermediäre braucht, wenn sich die Nutzer und Nutzerinnen stattdessen über eine sichere Finanzinfrastruktur austauschen können, um an kollektiven Krediten mitzuwirken oder Vermögenswerte auf Marktplätzen und Börsen auszutauschen. Ob sich ein derart dezentraler Finanzsektor gegenüber zentral bereitgestellten Bankdienstleistungen durchsetzen kann, entscheidet sich mit Blick auf das aufgebrachte Vertrauen, die Nutzerfreundlichkeit und Wirtschaftlichkeit.

Ein Anwendungsbereich sind zum Beispiel dezentrale Börsen. Dabei werden die Kauf- und Verkaufstransaktionen nicht über einen zentralen Börsenbetreiber als Mittelsmann abgewickelt, sondern durch ein dezentrales Protokoll, das von unterschiedlichsten Teilnehmern betrieben wird. In diesem Protokoll sind alle Regeln definiert, nach denen der Börsenhandel stattfinden kann. Praktisch alle Funktionen, die sonst eine Frankfurter Börse oder New York Stock Exchange übernimmt, werden auf Protokollebene und Teilnehmer ausgelagert. Da es keine zentrale Steuerungsebene mehr gibt, ist es schwierig, einzelne Akteure für die Ereignisse respektive Transaktionen im Netzwerk verantwortlich zu machen. Aus regulatorischer Sicht stellt eine solche Anwendung Kontrollinstanzen vor große Herausforderungen. Personalien überprüfen, Steuerzahlungen abführen oder Konten einfrieren wird damit zu einer kaum lösbaren Aufgabe für staatliche Institutionen. Ein wirklich dezentraler Börsenhandel, ganz gleich, ob es sich dabei um Bitcoin oder tokenisierte Wertpapiere handelt, kann nicht von einer Finanzaufsicht wie der Bundesanstalt für Finanzdienstleistungsaufsicht (BaFin) in das bestehende Regulierungskorsett gezwängt werden. Geldwäsche und Terrorismusfinanzierung sind zwei naheliegende Vorwürfe, die in diesem Kontext die Akzeptanz von staatlicher Seite erschweren. Das Argument der Kostenersparnis und persönlichen Freiheit reicht in dem Fall nicht aus, um Regulierungsbehörden von wirklich dezentralen Anwendungen zu überzeugen. Aktuell mag dies noch kein allzu großes Problem sein, da dezentrale Anwendungen mit ihrer Nutzerfreundlichkeit und ihrem Leistungsumfang klassisch zentral zur Verfügung gestellten Finanzdienstleistungen unterlegen sind. Zumal selbst DeFi-Protokolle oftmals nicht so dezentral sind, wie sie vorgeben.[13] Was innerhalb eines solchen Protokolls passiert, bestimmen zu einem großen Teil immer noch die Gründer und anfänglichen Wagniskapitalgeber. Auch mangelt es dezentralen Börsen oftmals noch an ausreichend hoher Liquidität und Abwicklungsgeschwindigkeit, um mit den zentral organisierten Pendants mitzuhalten. In den nächsten Jahren dürften diese Nachteile allerdings verschwinden, womit die Attraktivität des DeFi-Sektors auch für breitere Bevölkerungsschichten zunähme. Der Konflikt mit den Behörden ist somit vorprogrammiert. Kein Staat ist bereit, die Kontrolle über Finanztransaktionen abzugeben.

Entsprechend naheliegend ist es, dass zentral organisierte Token-Dienstleistungen durch traditionelle Banken, Broker und Dienstleister von staatlicher Seite bevorzugt werden. Ob man den Supermarkteinkauf mit seiner Visa-Kreditkarte via Bitcoin oder Euro bezahlt, spielt aus Privatsphäresicht keine Rolle. Zumal Kundinnen und Kunden derartiger Anbieter nicht selbst den Zugriff auf die Kryptowährungen besitzen, sondern die Finanzkonzerne. Im Wissen, dass Innovation auf Dauer nur schwer aufgehalten werden kann und auch im Interesse des Staates ist, liegt die Vermutung nahe, dass man sich mit den »Konzern-Token-Infrastrukturen« arrangiert, um möglichst viele Nutzer und Nutzerinnen für die gut kontrollierbaren Kryptofinanzdienstleistungen mit klaren Haftungsstrukturen zu gewinnen.

Die Geschwindigkeit des Dezentralisierungsprozesses wird wie bereits erwähnt also von der Regulierung bestimmt. Wie sehr sich das Geld in den nächsten Jahren wandelt, hängt vor allem von uns selbst und den öffentlichen Institutionen ab und nur bedingt von den cleveren Programmierern, die programmierbare Verträge und Token-Infrastrukturen entwickeln. Zumal jeder Umstellungsprozess kostspielig ist und bestehenden Interessen aktueller Profiteure entgegensteht.

Schauen wir uns dafür noch einmal den Automobilsektor an. Auch wenn klar ist, dass in Zukunft Autos autonom umherfahren werden, wäre es abwegig, zu glauben, dass man diesen Umstellungsprozess innerhalb von ein oder zwei Jahren bewerkstelligen kann. Vermeintliche Vorteile wie geringere Emissionen oder weniger Verkehrstote würden durch den radikalen Wandel konterkariert. Nicht nur müssten praktisch alle Autos ausgetauscht oder sehr aufwendig umgerüstet werden, auch fehlt es an den rechtlichen Grundlagen und der flächendeckenden Wechselbereitschaft in der Bevölkerung. Genauso, wie eine tief greifende Umstellung unserer Mobilitätsangebote viele Jahre benötigt, kann sich auch das Finanzsystem nicht von heute auf morgen ändern. An der langfristigen Entwicklungsperspektive ändert dies dennoch wenig. Vielmehr geht es um die Einordnung des Faktors Zeit und eine realistische Erwartungshaltung innerhalb eines Innovationszyklus.[14]

Wie sehr sich Krypto-Innovationen durchsetzen können, hängt nicht zuletzt stark von der Lobbyarbeit im Hintergrund ab. In den USA oder Europa erlassene Gesetze zur Finanzmarktregulierung wurden nicht selten von Industrievertretern vorformuliert oder zumindest stark beeinflusst. Ein historisches Beispiel ist die Chicago Board of Trade (CBOT), die zu Beginn des 20. Jahrhunderts als privater Börsenhandelsplatz maßgeblich die Preise für Weizen und Getreide bestimmt hat. Dieser unregulierte Terminkontrakthandel (Futures) war dem amerikanischen Staat ein Dorn im Auge, sodass es im Jahr 1922 zu neuen Gesetzesvorschriften kam, die die Spekulation unter staatliche Kontrolle stellten. Doch die vermeintlich regulierenden Gesetze bevorteilten den Börsenhandelsplatz, indem sie ihm praktisch eine Monopolstellung garantierten. Wie sich später herausstellte, war der Lobbyeinfluss von Vertretern der CBOT so stark, dass sich der Gesetzgeber an den Gesetzesvorschlägen der Lobbyisten orientiert hatte.[15] Das unregulierte Entstehen der Kryptobörsen erinnert an das Beispiel der Chicagoer Terminbörse. Auch diese Börsen könnten gleichermaßen durch Lobbyvertreter Einfluss auf die Gesetzgebung nehmen und eine Überregulierung verhindern. Dies würde vor allem dann der Fall sein, wenn auch traditionelle Finanzakteure wie JPMorgan oder Goldman Sachs in das Geschäft mit Kryptowährungen einträten und ihren Einfluss ausnutzten. Allerdings löst dieser historische Präzedenzfall nicht das Problem eines dezentralen Börsenhandels. Schließlich war die CBOT 1922 ein zentraler Akteur, so wie es heute die organisierten Krypto-Angebote um zentrale Akteure mit klassischer staatlicher Regulierung sein könnten. Der DeFi-Sektor wiederum passt nicht in diese Regulierungslogik.

Um für die Regulierung eher dezentraler Finanzdienstleistungen ein historisches Beispiel zu finden, muss man nach Irland schauen. Wie in den meisten anderen Ländern waren im 18. Jahrhundert in Irland Finanzdienstleistungen nur etwas für die oberen gesellschaftlichen Schichten. Die einfachen Arbeiter und Migranten, die zu dieser Zeit nach Irland strömten, hatten keinen Zugang zu Bankdienstleistungen. Um dies zu ändern, hatte der Buchautor und Geschäftsmann Jonathan Swift um 1720 eine Idee. Er vergab zinslose Mikrokredite basierend auf dem Sozialkapital der Menschen. Wer einen Kredit aus dem Fonds erhalten wollte, musste mindestens zwei Bürgen organisieren. Das Modell der Kleinkredite war so erfolgreich, dass bereits im 19. Jahrhundert über 300 Kreditfonds existierten, die pro Jahr 500.000 Kredite vergaben und damit rund 20 Prozent der Bevölkerung versorgten.[16,17] Das Kreditgeschäft entwickelte sich deshalb so gut, weil die Banken kein Interesse an Geschäften mit der ärmeren Bevölkerung hatten. Doch ebenjener Erfolg rief Banken und Regulatoren auf den Plan. Es folgte eine Überregulierung, die den »Crowdfunding-Kreditmarkt« zum Erliegen brachte. Im Gegensatz zur einflussreichen Chicagoer Terminbörse gab es keine starke Lobby für die »kleinen Leute«. Die Bankenlobby selbst hatte dazu beigetragen, dass sich die Innovation nicht weiterentwickeln konnte. Auch heute finden wir viele Parallelen im dezentralen Finanzsektor, die uns an das Beispiel Irlands erinnern. Für die über zwei Milliarden Menschen auf dieser Welt, die nur eingeschränkten Zugang zu Bankdienstleistungen haben, könnten unter anderem dezentrale Blockchain-Kredite eine große Hilfe sein. Nur fehlt es auch hier an einer schlagkräftigen Lobby. So lange JPMorgan oder Silicon-Valley-Unternehmen wie PayPal von Kryptodienstleistungen profitieren können, sind die Chancen gut, dass es nicht zu einer massiven Überregulierung kommt. Doch ist der Ansatz bei DeFi genau der, dass eben diese einflussreichen Mittelsmänner umgangen werden sollen. Wirklich dezentrale Finanzdienstleistungen sind nicht nur eine Bedrohung für die staatliche Kontrolle, sondern auch für bestehende Unternehmen aus der Finanzindustrie. Gerade dieser Umstand macht es dezentralen Finanzdienstleistungen alles andere als leicht, sich in Zukunft gegen diese starken Kräfte durchzusetzen.

DEZENTRALE FINANZANWENDUNGEN: ZWISCHEN IDEALISMUS UND REALISMUS

Die Frage, ob durch DeFi-Angebote der Finanzsektor fairer und weniger exklusiv wird, lässt sich nicht eindeutig beantworten. Auch dezentrale Finanzanwendungen basieren auf dem kapitalistischen Prinzip, dass diejenigen über besonders viel Einfluss verfügen, die auf das meiste Kapital zurückgreifen können. Zudem tun sich dezentrale Anwendungen bislang schwer, eine wirkliche Dezentralisierung zu erreichen: Die Token eines Netzwerkes sind oftmals ziemlich ungleich verteilt, weshalb dann einige wenige über die Regeln im Netzwerk bestimmen können. Selbst bei Bitcoin als einem dezentralen Vorbild besitzen die reichsten 1 Prozent aller Bitcoin-Adressen rund 50 Prozent aller gegenwärtig verfügbaren Bitcoin.[18] Dies zeigt, dass selbst stark dezentrale Projekte auf die ein oder andere Weise Zentralisierungstendenzen besitzen. Je komplexer eine Blockchain-Anwendung ist, desto größer scheint auch die Versuchung einer Zentralisierung. Während sich die Bitcoin-Blockchain nur bedingt für anspruchsvolle Anwendungen eignet, sind auf Basis der Smart-Contracts-Blockchain Ethereum diverse Anwendungen entstanden. Die heutzutage gehypten DeFi-Anwendungen haben ihren Ursprung im DAO-Konzept, was für »Dezentrale Autonome Organisation« steht. Eine solche DAO ist eine blockchainbasierte, sich selbst verwaltende Organisation, die ohne zentrale Lenkung auskommt. Nimmt man das Beispiel eines Investmentfonds, dann sind es nicht mehr die Fondsmanager, die entscheiden, wie das Geld des Netzwerkes investiert wird, sondern die Teilnehmer der DAO, die darüber abstimmen. Insbesondere Befürworter direktdemokratischer Wahlsysteme, die eine hohe Partizipation von vielen freiwilligen Teilnehmern fordern, können dieser Idee viel abgewinnen. In der Praxis hat sich die DAO als idealistisches Gesellschaftskonstrukt aber bislang noch nicht durchsetzen können. Die gut gemeinten Ansätze der Mitbestimmung und Selbstkontrolle scheitern nicht nur an mangelnder Nutzerfreundlichkeit, sondern auch an der effizienten Umsetzung bei der dezentralen Entscheidungsfindung. Das bekannteste Beispiel für eine DAO war das staatenlose Open-Source-Projekt »The DAO«. Als Wagniskapitalfonds via Crowdfunding aufgesetzt, wurde im April 2016 der dezentrale Fonds mithilfe der Ethereum-Blockchain ins Leben gerufen. Jeder konnte damit selbst zum Fondsmanager werden und mitentscheiden, in welche Investments die eingesammelten Gelder flossen. Nur kurze Zeit später, im Juni 2016, kam es allerdings durch einen Fehler im Programmcode zu einem Hack. Die Angreifer erbeuteten ein Drittel der Fondseinlagen. Infolgedessen entschied die Mehrheit der Ethereum-Community, eine »Hard Fork« durchzuführen. Dabei handelt es sich um einen massiven Eingriff in die bestehende Blockchain und ihr Transaktionsbuch, der zu einer Aufsplittung führt. Es gab fortan also eine Blockchain-Version, in der man die Fondsanteile einfach wiederhergestellt hatte, und es gab eine, in der der Vorfall nicht wieder rückgängig gemacht worden war. Der Streit innerhalb der Community ließ das Projekt letztlich scheitern, sodass nur wenige Monate später das bis dato größte DAO-Projekt bereits Geschichte war.[19]

Auch wenn sich dezentrale Protokolle schnell weiterentwickeln, ist in der ersten Hälfte dieses Jahrzehnts aus den bereits in diesem Buch dargelegten Gründen nicht mit einer flächendeckenden Etablierung und Substitution bestehender Finanzinfrastrukturen zu rechnen. Ganz gleich, ob wir den Begriff DAO oder DeFi anstrengen: Am Ende geht es darum, neue Interaktionsformen, insbesondere solche mit einem finanziellen oder wirtschaftlichen Motiv, dezentral zu organisieren. So groß die Vorteile dezentraler Systeme in der Theorie sind – in der Praxis stoßen sie gegenwärtig schnell an ihre Grenzen. Dies erklärt, neben den regulatorischen Restriktionen, warum Banken und Plattformgiganten vorerst die Oberhand behalten dürften. Zumal es auch in

Zukunft Mittelsmännern bedarf, die bereit sind, Verantwortung zu übernehmen. Schließlich ist es im Sinne vieler Anleger, dass spezialisierte Unternehmen die Verwahrung von Geld und Vermögensanlagen übernehmen – nicht zuletzt, weil diese haftbar gemacht werden können. Bereits heute gibt es erste FinTechs, die Schnittstellen für Banken zur dezentralen Krypto-Ökonomie bereitstellen. Die Bank könnte damit ihre Rolle als Ansprechpartner und Verwahrer (Kapitalsammelstelle) behalten und sich gleichzeitig als Brückenbauer in Sachen dezentraler Protokolle positionieren. So wäre es vorstellbar, dass wir bei einer Bank einen Kredit anfragen und das Bankinstitut dann auf ein blockchain-basiertes Kreditnetzwerk zurückgreift, ergo als Vermittler und nicht als direkter Kreditgeber auftritt.

Gleiches würde auch für das Guthaben-Zinsgeschäft gelten. Ein Bankkunde könnte sich entscheiden, ob er sein Geld einer Bank überlässt und dafür Zinsen auf seinem Tagesgeldkonto erhält, sofern der aktuelle Leitzins positive Zinsen zulässt, oder ob er sein Geld einem dezentralen Protokoll zur Verfügung stellt. Weil er Liquidität bereitstellt, würde der Kunde mit Abwicklungserträgen des dezentralen Netzwerkes vergütet werden. Erste Bankdienstleistungen dieser Art existieren bereits heute schon. Die Bank der Zukunft bleibt damit der etablierte Ausgangspunkt für jegliche Finanzgeschäfte, die wiederum immer seltener von der Bank selbst, sondern durch Fremdanbieter angeboten werden. Unter dem Stichwort »Open Banking« agiert die Bank als Gatekeeper und stellt nach dem Baukastenprinzip Schnittstellen zu fremden Finanzdienstleistungen bereit.[20] Vom Gehaltskonto ausgehend können so diverse Angebote angedockt werden. Spätestens mit Einführung des digitalen Euro, US-Dollar etc. werden diese Währungen auch Smart-Contracts-Anwendungen umfassen, die über den simplen Dauerauftrag hinausgehen.

DIGITALE KNAPPHEIT: NFTS UND METAVERSE ALS GAMECHANGER

In den nächsten Jahren werden virtuelle Welten großen Einfluss auf unser Geld und seine Infrastrukturen haben. Ein immer größerer Anteil unserer Transaktionen wird im digitalen Raum stattfinden. Ein Schlagwort, das in diesem Zusammenhang Ende 2021 an Fahrt aufgenommen hat, ist das sogenannte Metaverse. Es geht dabei um nichts Geringeres als ein Leben im digitalen Raum. Freunde treffen, arbeiten, shoppen, Sport treiben, ins Kino gehen und so weiter und so fort: Alles, was man im analogen Leben machen kann, soll zukünftig auch in rein digitalen Welten möglich sein. Es braucht dafür nicht zwingend eine VR-Brille. Vielmehr geht es um die Erschaffung digitaler Volkswirtschaften, die sowohl via VR-Brille, aber im Zweifel auch durch Smartphones abgebildet werden können. Auch wenn aktuelle Metaverse-Ökosysteme noch zu unausgereift für eine breite Kommerzialisierung sind, dürften sie langfristig für mehr Wertschöpfung sorgen als jede andere Branche auf dieser Welt. Aus diesem Grund hat sich auch Facebook zu Meta umbenannt. Als Konzernpriorität Nummer eins möchte CEO Mark Zuckerberg die größte digitale Volkswirtschaft dieser Welt erschaffen. Aus den aktuell rund drei Milliarden Nutzer und Nutzerinnen von Meta-Diensten könnten somit drei Milliarden Einwohner werden, die für ein »Bruttoinlandsprodukt« sorgen, das größer sein könnte als das der meisten Staaten.[21] Microsoft-Gründer Bill Gates, dessen Unternehmen sich auch für das Metaverse rüstet, sieht es bereits ab dem Jahr 2024 Realität werden. Dann nämlich glaubt Gates, dass wir vor allem mit Meetings, die heute mit den gängigen Internettelefonie-Anbietern durchgeführt werden, in den virtuellen Raum abwandern. Avatare in 3-D-Räumlichkeiten würden dann zu Normalität in der täglichen Kommunikation werden.[22] Neben Meta und Microsoft arbeitet auch Apple an derartigen Technologien, die auf Metaverse-Ökosysteme abzielen. So soll bis 2024 ein Apple-Headset auf den Markt kommen, das auch Augmented- und Virtual-Reality-Funktionen unterstützt.[23] Bricht man diese Entwicklung auf die Beschaffenheit unseres Geldes herunter, dann impliziert dies, dass zukünftige Digital-Ökonomien ausschließlich auf digitalem Geld basieren werden. Das müssen keine privaten Kryptowährungen wie Bitcoin oder der Stablecoin Tether sein. Sehr wohl aber werden im Metaverse Token zum Einsatz kommen – im Zweifel der digitale Euro der Europäischen Zentralbank.

Es ist davon auszugehen, dass diese virtuellen Welten die Debatte über Datenhoheit und Privatsphäre auf ein neues Level heben werden. Dies könnte Blockchain-Alternativen einen deutlichen Auftrieb bescheren. Mag es vielen Menschen momentan noch egal sein, ob ihre Daten beim Shoppen oder dem Posten von Bildern auf den Social-Media-Kanälen der Plattformbetreiber gesammelt und ausgewertet werden, wird dies im B2B-Bereich nicht der Fall sein. Bereits heute stellt sich die Frage, welchen Anbieter man für die Internettelefonie wählt. Bei einem Web-Meeting zwischen einem amerikanischen und einem chinesischen Unternehmen ist diese Frage beispielsweise alles andere als trivial. So steht immer die Frage im Raum, auf welchen Anbieter – Google, Zoom, Skype etc. – man zurückgreift. In Zukunft wird die aktuelle Form des Web-Meetings mit Webcam und Laptop-Mikrofon immer stärker durch Treffen in Virtual-Reality-Welten beziehungsweise dem Metaverse ersetzt. Ein mögliches Szenario könnte dabei wie folgt aussehen:

Mitarbeiterinnen und Mitarbeiter eines Automobilkonzerns werden von einem Automobilzulieferer in einen virtuellen Meetingraum eingeladen, um über einen neuen Produkttyp von Zylinderköpfen zu verhandeln. Optisch erinnert alles an die Meetingräume im Hauptsitz des Automobilzulieferers – angefangen von der Raumausstattung wie Stühlen oder Wandbildern bis hin zu dem Zylinderkopf-Prototypen in 3-D. Anstatt eines physischen Prototyps halten die Mitarbeiterinnen und Mitarbeitern des

Automobilkonzerns einen digitalen Zwilling in der Hand. Dieser digitale Zwilling ist ein genaues digitales Abbild des physischen Gegenstücks. Hierbei kommt der größte Mehrwert der Blockchain-Technologie zum Einsatz: Vertrauen. Wie kann man sicher sein, dass es sich um ein Originalbauteil handelt? Wie kann die Seriennummer nachvollzogen, wie können Raubkopien ausgeschlossen werden? Wie kann man sich sicher sein, dass man sich wirklich in dem virtuellen Raum eines Geschäftspartners befindet und mit den vorgegebenen Personen vertrauenswürdige Details verhandelt und vertraglich festhält? In einer virtuellen Welt kann schließlich alles gefakt respektive manipuliert sein. Um genau dieses Vertrauen in digitalen Welten herzustellen, ist es wichtig, die Echtheit und Einzigartigkeit von digitalen Gegenständen und Personen validieren zu können. An dieser Stelle entscheidet sich, ob eine Wertschöpfung im digitalen Raum Erfolg haben kann – sei es für digitale Verträge, digitales Geld oder digitale Zwillinge von Gegenständen aus der echten wie digitalen Welt. Aus diesem Grund ist es naheliegend, dass für derartige Interaktionen im digitalen Raum in Zukunft Blockchain-Anwendungen zum Einsatz kommen, die Echtheit und Transaktionssicherheit gewährleisten können. Auch können sie für einen »neutralen Boden« sorgen, wenn sich die Vertragsparteien nicht vollständig vertrauen. In unserem Beispiel würde dies konkret bedeuten, dass der physische Zylinderkopf-Prototyp einen digitalen Zwilling besitzt, dessen Existenz, Besitzstand und Eigenschaften auf einer Blockchain festgehalten sind. Die Mitarbeiterinnen und Mitarbeiter des Automobilkonzerns könnten also anhand des Eintrags in der Blockchain überprüfen, ob die digitale Identität des Zylinderkopfes und die vorgegebenen Produktinformationen mit den getroffenen Annahmen übereinstimmen. Schließlich müssen die Vertragsparteien sicherstellen, dass die Zylinderköpfe, die später ausgeliefert werden sollen, genau die Eigenschaften besitzen, die im Virtual-Reality-Meeting präsentiert wurden.

Eine Möglichkeit, um die Einzigartigkeit von digitalen Gütern festzuhalten, bieten die bereits vorgestellten Non-Fungible Token, kurz NFT. Denn im Gegensatz zu klassischen Kryptowährungen oder Wertpapieren sind sie nicht homogen austauschbar. Konkret können dadurch der digitale Zylinderkopf-Prototyp und die damit im Vertrag geregelten Rechte via

NFT ausgetauscht werden. Der Prototyp in Gestalt eines NFT würde damit beispielsweise bei Erwerb den Anspruch verkörpern können, auch das physische Pendant, also den Zylinderkopf für die »echte« Welt, zu erhalten. Darüber hinaus könnten weitere Rechte, wie unter anderem Garantieansprüche, an den NFT geknüpft werden. Auch wenn es sich bei NFT nicht um Geld handelt, wird die Ebene von Besitz und Vermögen dadurch signifikant erweitert, sofern der Gesetzgeber dies in Zukunft anerkennt.

So abgehoben sich der oben skizzierte Anwendungsfall der Non-Fungible Token anhören mag, finden ähnliche Vorgänge auf kleiner Ebene bereits kommerziell statt. Wie bei den meisten technologischen Errungenschaften befinden wir uns auch bei NFT noch in einer Experimentier- und Infrastrukturphase. Oftmals mögen die gegenwärtigen NFT-Anwendungen daher mehr an belanglose Spielerei als an einen ernsthaften Business Case erinnern. So gibt es digitale NFT-Sammelkarten von Fußballvereinen wie FC Bayern München oder Real Madrid.[24] Auch die Österreichische Post hat bereits Briefmarken als NFT herausgegeben.[25] Darüber hinaus entdeckt der Lifestyle- und Fashionsektor die nicht austauschbaren Token. Mit der Helsinki Fashion Week gab es 2020 die erste virtuelle Modeschau, bei der Designer ihre limitierten Kleidungsstücke als NFT verkauft haben.[26] Der Nutzen dieser virtuellen Kleidungsstücke ist allerdings oftmals noch begrenzt. So haben Käufer die Möglichkeit, Kleider via Instagram-Filter über ihre Fotos zu montieren oder digitale Kleidungsstücke in virtuellen Welten zu tragen. Für die breite Öffentlichkeit dürfte dies noch zu weit weg von einer regulären Anwendbarkeit sein. Deutlich relevanter wird es hingegen, wenn Gegenstände aus der echten Welt mit der digitalen verschmelzen. So wurde im Dezember 2020 ein Sneaker des Labels RTFKT Studios für 13.331 US-Doller versteigert. Das Spannende an diesem Sneaker ist, dass er von einer KI-Software designt wurde. Wichtiger dürfte aber Folgendes sein: Neben den physischen Sneakern, die der Käufer normal nach Hause geschickt bekommt, erhält er auch einen NFT, der alle Besitz- und

Ursprungsinformationen zum Schuh beinhaltet sowie weitere Berechtigungen mit einschließt. Dies ist zum einen ein Augmented-Reality-Filter, um sich die Sneaker auch im Digitalen – also beispielsweise auf Fotos anziehen zu können –, und auch ein Spiele-Item für das Metaverse Sandbox. Die Echtwelt-Simulation im Comic-Look versucht als eine der großen Metaverse-Plattformen eine digitale Ökonomie mithilfe von NFTs aufzubauen. Für viel Geld können dort virtuelle Grundstücke erworben oder NFTs aus namhaften Galerien ersteigert werden. Inzwischen ist aber auch Kritik an Sandbox laut geworden. Ein Vorwurf lautet, dass das Blockchain-Projekt ein Spielplatz für Reiche und Konzerne sei. Von den Idealen einer offenen digitalen Ökonomie, in der man gerne mehrere Stunden seiner Zeit verbringt, ist Sandbox wie auch andere Metaverse-Projekte noch recht weit entfernt. Die NFT-Designschmiede RTKFT wiederum wurde durch den Sportartikelhersteller Nike erworben, der schon seit längerer Zeit an Krypto-Anwendungen arbeitet.[27] Vor allem geht es darum, Turnschuhe zu »tokenisieren« und in der digitalen Welt verfügbar zu machen. Unter dem Namen »CryptoKicks« sind bereits digitale Sneaker auf NFT-Marktplätzen erhältlich. In Zukunft dürften die digitalen Schuhe um zahlreiche Funktionen erweitert werden. Unter anderem ist im dazugehörigen Nike-Patent die Rede von Krypto-Wallets und -Anwendungen für Collectibles, Crypto Art sowie Application-Token. Entsprechend ist es auch vorstellbar, dass Käufer von physischen Nike-Sneakers einen Token als Zugabe erhalten, der sie zu gesonderten Dienstleistungen berechtigt und beispielsweise Gutschriften und Rabatte inkludiert. Neben diversen Bonusmodellen für Käufer und Social-Media-Influencer werden auch digitale Collectibles und digitale Zwillinge via Blockchain-Ökonomie ein wichtiger Bestandteil der Branche werden. Neben der ausschließlich digitalen oder physischen Variante kann es also auch sein, dass man beide Versionen als Käufer erhält. Insbesondere für die Generation Z, für die es bereits zum Alltag gehört signifikante Beträge für sogenannte Skins (Kleidung und Gegenstände in Computerspielen) auszugeben, dürfte der Erwerb von Fashion-NFTs ohne physischen Zwilling sehr schnell zur Normalität werden.[28]

Um den Kopierschutz der digitalen Items zu gewährleisten, braucht es wiederum eine Blockchain-Lösung. Schließlich haben Nike und andere Hersteller ein Interesse daran, digitale Sneaker-Kopien in der virtuellen Welt zu verhindern. Die Lösung des Double-Spending-Problems – das Schaffen einer Daseinsberechtigung für Bitcoin – kommt also auch hier zum Tragen. Nicht nur kann eine unberechtigte Vervielfältigung unterbunden werden, auch eine Handelbarkeit digitaler Collectibles wird möglich. So heißt es im Patentantrag: »Wenn ein Verbraucher ein echtes Paar Schuhe kauft, kann eine digitale Darstellung generiert, mit dem Verbraucher verknüpft und ein kryptografisches Token zugewiesen werden, wobei der digitale Schuh und der kryptografische Token zusammen einen ›CryptoKick‹ darstellen.«[29] Dadurch würde eine Handelbarkeit beziehungsweise ein Eigentumsübertrag sowohl von den physischen als auch digitalen Schuhen möglich werden. Auch wenn die Schuhe real bereits getragen wurden, gäbe es immer noch einen digitalen Zwilling, der digital getragen oder aus dem Wallet weiterverkauft werden kann. Allerdings muss man an dieser Stelle anmerken, dass man via NFT keine Eigentumsrechte übertragen kann – zumindest in Deutschland. Zukünftig bedarf es also noch entsprechender Gesetzesänderungen, um der digitalen Ökonomie auch einen rechtlichen Rahmen zu geben. Dennoch hat auch der deutsche Konkurrent Adidas bereits erste NFT-Kollektionen vorgestellt. Adidas besitzt außerdem ebenfalls eine Repräsentanz im Metaverse Sandbox. Trotz der mangelnden Rechtssicherheit entsteht bereits heute ein neuer Grad an digitalem Finanz-Kapitalismus. Die digitale Abbildung und Handelbarkeit von Rechten sowie Lizenzen wird durch NFT enorm vorangetrieben. Dabei entsteht gegenwärtig ein neuer Markt für digitale Güter, der wiederum eine neue Dimension der Interaktion zwischen Unternehmen, Influencern und Endkonsumenten ermöglicht.

Wie der milliardenschwere Influencer-Markt NFT für sich entdeckt, zeigt sich mit Blick auf das digitale Supermodel Lil Miquela. Als Entwurf des Start-ups Brud aus Los Angeles verfügt Lil Miquela über drei Millionen Follower auf Instagram und stellt damit die meisten menschlichen Influencer in den Schatten. Für viel Geld posiert sie auf Fotos, bei denen die größten Marken der Welt vertreten sind. So trägt sie virtuelle Kleidung von Nike, Gucci oder Diesel oder posiert vor einer McDonald's-Filiale oder sitzt auf einer Couch, über der das Logo des Musik-Streamingdienstes Spotify prangt. Bislang erfolgten diese Postings ohne einen Bezug zur Krypto-Ökonomie. Seit Ende 2020 taucht das virtuelle Model allerdings auch in den NFT-Markt ein. So wurde auf SuperRare, einem Marktplatz für digitale Kunst auf NFT-Basis, ihr erstes digitales Kunstwerk mit dem Namen *Rebirth of Venus* für über 82.000 US-Dollar versteigert.[30] Inzwischen wurde die Agentur hinter dem virtuellen Supermodel von Dapper Labs erworben – das Unternehmen steht hinter der NFT-Blockchain Flow.[31]

Doch auch etablierte Größen aus dem Kunstsektor widmen sich ernsthaft Non-Fungible Token. Das Auktionshaus Christie's führt zum Beispiel Versteigerungen von NFT-Kunst durch. Das Digitalgemälde des Künstlers Beeple – *Everydays: The first 5.000 Days* – wurde am 11. März 2021 für 69.346.250 US-Dollar versteigert.[32] Gleichzeitig nutzen auch prominente Personen aus Film, Sport und Musikbranche NFT als neue Einnahmequelle. Die Rockband Kings of Leon hat ihr neues Musikalbum im März 2021 – *When You See Yourself* – auch als NFT herausgebracht. Dabei handelt es sich konkret um drei Arten von NFT, die unterschiedliche Vorteile bieten. Der eine NFT soll ein spezielles Album-Paket beinhalten, während der zweite Token Vergünstigungen für Live-Auftritte bietet. Der dritte Token erlaubt Nutzern und Nutzerinnen dann Zugriff auf exklusive audiovisuelle Inhalte.[33]

Die digitale Garderobe, die digitale Musikalben-Sammlung oder der digitale Zwilling in der industriellen Fertigung sorgen zukünftig dafür, dass wir ein anderes Verständnis von Geld und Werten entwickeln werden. Die Denkweise, dass man für Geldsumme X einen Gegenwert Y an Waren und Dienstleistungen erwerben kann, rückt immer weiter in den Hintergrund. Auch wird programmierbares Geld immer stärker mit einem Nutzen angereichert. Geld wird mehr als nur einen Nennwert beziehungsweise eine Rechnungseinheit darstellen, womit sich auch die Terminologie und Heuristik von Geld verändert. Es wird abhängiger vom Individuum und damit weniger statisch. Vielmehr transformieren sich die Geldeinheiten zu »Punkten« oder »Credits« in einem Ökosystem, das weit mehr als heute von den unterschiedlichsten Faktoren beeinflusst wird. Dieser Vorstellung eines zukünftigen Geldsystems kommt das chinesische Social-Scoring-Pilotprogramm am nächsten. In Anlehnung an das dystopische Szenario einer allumfassenden Überwachung spielt Geld, das man aktiv zum Bezahlen nutzt, keine Rolle mehr.[34] All unsere wirtschaftlichen Transaktionen werden erfasst und haben Einfluss auf unser wie auch immer ausgestaltetes »Punktekonto«. Ein Blockchain-Konzept, das diesen Ansatz weiter aufgreift und die Verknüpfung zwischen dem Wert der eigenen Reputation und Geld herstellt, sind so genannte Social Token. Diese Token beziehen sich im Gegensatz zu NFT nicht auf digitale Gegenstände oder Kreativerzeugnisse, sondern auf einen einzelnen Menschen oder ein Kollektiv. Es wird also nicht unmittelbar die Arbeit »tokenisiert«, sprich, das Kunstwerk, der Musiksong oder ein virtuelles Grundstück, sondern das Individuum. Der Gedanke dahinter ist, dass man soziale Interaktionen, die beispielsweise in den sozialen Medien stattfinden, monetarisiert. Nehmen wir als Beispiel einen Musiker, der über viele Tausend Follower in den sozialen Medien verfügt. Seine Reichweite hat einen sehr hohen Wert – Unternehmen sind bereit, dafür sehr viel Geld zu zahlen. Gegenwärtig landet dieses

Geld allerdings bei den Plattformen wie Instagram, Spotify oder TikTok. Man selbst ist nicht Besitzer seiner Accounts und damit abhängig von den Plattformbetreibern. Der Gedanke hinter Social Token ist nun, diese Wertschöpfung zu dezentralisieren und soziale Reputation handelbar zu machen. Eine Möglichkeit ist hier der Verkauf von Social Token, sodass Halter dieser Kryptowährung von den Einnahmen des Influencers profitieren können. Wenn ein Social-Media-Account 30.000 Euro im Monat umsetzt, könnten Halter entsprechender Token anteilig beteiligt werden, vergleichbar mit Dividendenausschüttungen.

Eines der größeren Projekte, das so etwas umzusetzen versucht, ist Decentralized Social, kurz DeSo. Dabei handelt es sich um ein Blockchain-Protokoll, das als Basisinfrastruktur für Social-Media-Anwendungen dienen soll. Dafür hat der Gründer Nadar Al-Naji über 200 Millionen US-Dollar von den größten und wichtigsten Geldgebern aus dem Silicon Valley erhalten. Die bekannteste Anwendung dieser Blockchain ist das Projekt BitClout, eine Art Börse für soziale Reputation im Look und Feel von Twitter. Auch ohne das Einverständnis von Elon Musk oder Kim Kardashian verwendet BitClout deren Twitter-Account als »Investment-Grundlage«. Wer sich also erhofft, dass der Twitter-Account von Elon Musk auf BitClout an Popularität hinzugewinnt, kann in die entsprechenden Social Coins investieren.[35] Es müssen aber nicht immer nur Social-Media-Anwendungen sein; Social Token können auch durch andere Parameter an eine Person geknüpft sein. So hat Alex Masmej den ersten »menschlichen Börsengang« durchgeführt, um mit dem eingesammelten Geld nach San Francisco ziehen zu können und dort seine Karriere im Tech-Sektor zu starten. Der junge Krypto-Enthusiast mit russischen Wurzeln konnte auf diesem Weg rund 20.000 US-Dollar einsammeln. Im Gegenzug versprach er, für einen bestimmten Zeitraum 15 Prozent seines zukünftigen Gehalts an die Halter seines Social Token – Token-Bezeichnung: $ALEX –auszuzahlen. Zusätzlich haben Käufer des Token den

Anspruch erworben, von ihm beraten zu werden.[36] Natürlich entziehen sich die Beispiele BitClout und $ALEX jeder rechtlichen Grundlage. Auch sind sie weit davon entfernt, ausgereift und kommerziell etabliert zu sein. Alle Social-Token-Projekte befinden sich gegenwärtig noch in einer Experimentier- und Erprobungsphase. Dennoch zeigen sie, welche Spielarten und Einflüsse langfristig auf unser Verständnis von Geld und Vermögen einwirken dürften.

Sämtliche Konzepte in diesem Kapitel zielen auf das anfangs erwähnte Metaverse ab. Non-Fungible Token stellen das Äquivalent zu Waren und Dienstleistungen in traditionellen Volkswirtschaften dar. Die physischen Limitationen von Verbriefungen, wie wir sie von unseren Ausweisdokumenten, Wertpapieren, von Geld oder Verträgen kennen, werden damit letztlich aufgehoben und entmaterialisiert. Rechte, Vermögen und Identitäten werden digital – und damit auch alles, was mit unserem Geld zu tun hat.

Wenn wir beispielsweise unser Geld als Schuhverkäufer in einem digitalen Ladenlokal verdienen, dann wird sich die digitale Welt immer stärker vor die reale Welt drängen. Unser im Metaverse verdientes Geld werden wir dort in großen Teilen auch wieder ausgeben. Arbeit und Konsum verlagern sich weiter und teilen sich noch stärker auf: analoge Welt auf der einen, virtuelle Welt auf der anderen Seite. Konfliktlinien wie Arbeit und Kapital erhalten ein neues Spielfeld. Da man die Resultate der kulturellen und gesellschaftlichen Veränderungsprozesse kaum vorhersagen kann, ist auch nicht abzuschätzen, wie radikal die Digitalisierung unser Geld in den nächsten 10, 20 oder 30 Jahren verändern wird. Es ist daher nur allzu verständlich, dass dieser Strukturwandel bei vielen Menschen Angst auslöst. Die Gefahr, dass Staaten oder Unternehmen im Metaverse ein neues Maß an Macht und Kontrolle ausüben werden, lässt dystopische Science-Fiction-Konzepte immer realistischer erscheinen.

KEY LEARNINGS

- Die Transformation unseres Geldsystems stellt politische Regime und bestehende Institutionen infrage (siehe die Bitcoin-Adaption El Salvadors oder die Umgehung von SWIFT durch neue Transaktionssysteme).

- Es mangelt bislang an einem Konzept, wie wirklich dezentrale Finanzanwendungen (DeFi) zukünftig reguliert werden könnten, ohne sie gleichzeitig in ihrem Potenzial zu beschränken. Stattdessen ist zu erwarten, dass Staaten zentralisierte »Konzern-Token-Infrastrukturen« befürworten, die sich in die bestehende Regulierungslogik einfügen.

- Non-Fungible Token (NFT) ermöglichen erstmals, Knappheit im digitalen Raum für nicht homogene Güter und Rechte abzubilden, während Social Token soziale Reputation quantifizieren und programmierbar machen können. Derartige Konzepte bilden die Grundlage für rein digitale Ökonomien respektive Volkswirtschaften (Metaverse).

- Unser Geld entwickelt sich zum Austauschmedium zwischen der analogen und der digitalen Welt. Seine Programmierfähigkeit ermöglicht uns nicht nur eine Einbettung in digitale Ökosysteme, sondern auch eine Anreicherung mit weiteren Informationen beziehungsweise Daten.

CONCLUSIO

Alles wird digital, auch unser Geld. Dabei geht es um viel mehr als nur die Transformation vom Physischen ins Digitale. Wie Internet und Softwareprogramme unsere Kommunikation verändert haben – siehe E-Mails, Chats oder Web-Calls –, verändern Blockchain-Protokolle unseren Umgang mit Werten und vor allem mit Geld. Wir müssen lernen, mit den neuen Möglichkeiten des Geldes umzugehen. Genau wie in den 90ern das Aufkommen des Internets mit viel Skepsis und Zweifeln verbunden war, tun wir uns schwer damit, die Auswirkungen der Blockchain-Technologie auf unser Geld zu verstehen. Wie damals sehen wir uns einer ungewissen Zukunft gegenüber – dem »Internet of Value«.

Das Konfliktpotenzial des neuen Geldes ist enorm und wird in dieser Dekade zu massiven politischen und gesellschaftlichen Spannungen führen. Seien es digitale Zentralbankwährungen, die gefährliche Überwachungs- und Kontrollfunktionen mit sich bringen, oder private Kryptowährungen, die das staatliche Geldmonopol unterminieren. Es findet ein Kräftemessen verschiedener Akteursgruppen statt. Die Deutungshoheit über das neue Geld wird sowohl in der Familie als auch bei internationalen Institutionen Streitpunkt sein. Obwohl wir erst ganz am Anfang stehen, sehen wir bereits heute, wie sich die Geister am Bitcoin scheiden. Während die einen Bitcoin am liebsten verbieten wollen, möchten andere ihn als Eins-zu-eins-Ersatz für Euro und US-Dollar einführen. Das Spektrum an Ansichten ist breit und wird nicht zuletzt durch die jeweiligen politischen Ansichten geprägt. Diverse Konfliktlinien wie Jung und Alt, progressiv und konservativ, wirtschaftsliberal und sozialistisch, digitalaffin und nicht digitalaffin etc. bestimmen unser Bild über die Soll-Beschaffenheit der neuen digitalen Werteinheiten. Unsere große gesamtgesellschaftliche Aufgabe wird es in diesem Jahrhundert sein, dahin gehend einen friedlichen Kompromiss zu finden, wie unser Geld in Zukunft aussehen soll.

Der Erfolg unseres zukünftigen Geldes wird dabei vor allem von einer einzelnen Frage abhängen: Welche Form des Geldes kann das meiste Vertrauen der Menschen für sich gewinnen? Ohne Vertrauen und Zuversicht wird es keine nachhaltige Etablierung einer jeweiligen Geldform geben. Ohne ebendieses Vertrauen wird auch der Dezentralisierungsprozess der Blockchain-Technologie nur in kleinen Schritten die Mehrheit der Bevölkerung überzeugen können. Zu sehr ist unser System auf zentrale Institutionen und Intermediäre ausgelegt. Nicht nur aus regulatorischen Gründen, sondern weil bislang dezentrale Angebote nur in den seltensten Fällen ihre zentralistischen Pendants übertrumpfen können. Dass sich dies dennoch in Zukunft ändern dürfte, liegt weniger an der Blockchain-Technologie selbst, sondern an der künstlichen Intelligenz. Wenn die Software-Programme, in die unser Geld beziehungsweise unsere Werte eingebettet sind, immer klüger werden, dann braucht es immer seltener den Menschen oder das Unternehmen in der Interaktion. Angefangen bei Robo-Advisors, die uns sagen, wohin wir unser Geld investieren sollen, bis hin zu Maschinen, die eigenständig Zahlungen tätigen, wird es in Zukunft zahlreiche Beispiele geben, bei denen ein stärkerer Dezentralisierungsgrad mit einem stärkeren Automatisierungsgrad einhergeht.

Daran schließt sich wiederum der nächste Aspekt an, nämlich die Rolle der Daten und der damit verbundene monetäre Transformationsprozess. Durch intelligente Software nimmt die

Relevanz unserer Daten zu – und damit auch die Werthaltigkeit. Gleichzeitig kann unser Geld mit mehr Informationen und Nutzen ausgestattet werden. Bislang handelt es sich bei unserem Geld lediglich um eine quantitative Recheneinheit. Dass dieser Status quo bereits heute zur Disposition steht, zeigt das Beispiel China mit seinem digitalen Zentralbankgeld. Dort kann sich der Nutzen des Geldes jederzeit durch Belohnungs- oder Sanktionierungsinitiativen ändern.

Wo hören Daten auf und wo fängt Geld an? Diese Frage wird in Zukunft immer schwieriger zu beantworten sein. Geld könnte absehbar nicht mehr nur eine Zahl auf unserem Bankkonto sein, sondern auch durch »Credits« in einem Metaverse geschaffen werden. Unser soziales Kapital oder das Kapital durch digitale Wertgegenstände wird in neuen digitalen Welten, in denen wir viel Zeit verbringen werden, auch zu einer neuen Form von Geld führen.

Unser Geld muss zukünftig also in der Lage sein, sich an verschiedene Umgebungen anzupassen. Wenn digitale Volkswirtschaften entstehen, haben diese andere Anforderungen an das Geld als unsere analoge Realwirtschaft. In einem international ausgelegten Metaverse, in dem Menschen arbeiten und konsumieren, muss sich das Geld nicht an die Politik einer nationalen Zentralbank halten. Als eigenständiges, wenn auch offenes System stellt sich schließlich die Frage, warum sich ein nicht staatliches Metaverse von einem Euro oder US-Dollar abhängig machen sollte. Die digitalen Welten von morgen können ihre eigenen von Nationalstaaten losgelösten ökonomischen Modelle umsetzen respektive ausprobieren. Dennoch sind Stellvertreterkriege nicht ganz ausgeschlossen. Das Metaverse des amerikanischen Meta-Konzernes, aktueller Name ist Horizon, wird sicherlich den US-Dollar bevorteilen, während ein Metaverse aus China den Renminbi bevorteilt. Wie sehr sich die virtuellen privaten Volkswirtschaften von einem regionalen Einfluss entkoppeln können, muss die Zukunft zeigen. Meta selbst sieht erst in 10 bis 15 Jahren ein Gros der heutigen Metaverse-Modelle Realität werden. Die nächsten Jahre dürften uns also erst einmal Versuch und Irrtum im Metaverse erwarten, anstatt überlegene ökonomische Alternativen zu unserer existierenden analogen Ökonomie.

Gleichzeitig laufen wir Gefahr, unsere Privatsphäre zu verlieren. Wie sehr sich unsere Identität aus unserem Geld »heraushalten kann«, wird insbesondere durch digitales Zentralbankgeld infrage gestellt. Wie hoch kann der Automatisierungsgrad unserer Infrastrukturen sein, ohne dass es einer Offenlegung unserer Identität bedarf? Die Blockchain-Technologie ist hierbei Chance und Risiko zugleich. Auf der einen Seite kann sie zur Anonymisierung beitragen und damit unsere Daten und unsere Identität schützen. Auf der anderen Seite ermöglicht die Blockchain-Technologie überhaupt erst stark automatisierte Finanzanwendungen, die einen neugierigen Überwachungsstaat begünstigen.

Umso wichtiger ist es daher, dass sich jeder mit der Blockchain-Technologie auseinandersetzt. Nur so kann man möglichst lang die Kontrolle über sein Geld und seine persönlichen Daten sowie Informationen behalten.

DANK

Als Grundlage für dieses Buch dient meine journalistische Tätigkeit bei BTC-ECHO. Ohne die tägliche Auseinandersetzung mit der Materie »Blockchain und Finanzmärkte« hätte niemals dieses Buch entstehen können. Ich danke daher ganz besonders dem Gründer und Geschäftsführer von BTC-ECHO, Mark Preuß. Es ist ein großes Privileg, diesen aufregenden Weg mit dir und dem gesamten Team von BTC-ECHO gehen zu können. Natürlich war auch der Input von Brancheninsidern und Experten unerlässlich, ganz gleich ob Banker, Start-up-CEO oder Hochschulvertreter. Es motiviert mich tagtäglich, zu sehen, mit welchem Engagement kluge Köpfe an der monetären Digitalisierung arbeiten. Weniger konkret greifbar, aber nicht weniger wichtig ist der regelmäßige Austausch mit Nils Langhans, dessen Basis eine langjährige Freundschaft ist. Als Sparringspartner in allen Lebensfragen helfen mir deine klugen Ratschläge – so auch bei diesem Buch. Ebenfalls möchte ich Tobias Schmidt für die zahlreichen politischen Diskussionen danken, bei denen es nicht selten um Geld und ein gerechtes Finanzsystem ging. Da dieses Buch ausschließlich in meiner Freizeit entstanden ist, das bedeutet morgens vor der Arbeit oder am Wochenende, danke ich meinen Eltern für die dafür notwendige Entschlossenheit und das Selbstbewusstsein, das sie mir mit auf den Weg gegeben haben. Nicht nach den Zielen anderer zu leben, sondern nach seinem ganz eigenen Glück zu streben, war eines der vielen Dinge, die ich von euch mitbekommen habe. Ich wurde in keine bestimmte Richtung gedrängt, sondern konnte mich frei entfalten.

Ein Ergebnis davon ist mein heutiger Beruf und der Mut, sich an ein Buchprojekt heranzuwagen. Mein abschließender Dank geht an meinen Lektor Christian Wöllecke, der mit seinem »Weniger-ist-oft-mehr-Ansatz« viel zur Lesefreundlichkeit beitragen konnte. Als letzte Instanz hast du für die notwendige Struktur und Klarheit gesorgt, die mir beim Schreiben manchmal verloren gegangen ist – vielen Dank dafür!

ANHANG

QUELLEN

KAPITEL 1

1 Florian Kolf, In diesen Produktkategorien ist Amazons Marktmacht am größten, Handelsblatt, erschienen am 17.10.2019, https://www.handelsblatt.com/unternehmen/handel-konsumgueter/auswertung-in-diesen-produktkategorien-ist-amazons-marktmacht-am-groessten/25125458.html

2 Thomas Schubert und Lea Verstl, Taxifahrer demonstrieren – TXL-Zufahrt kurzzeitig blockiert, Berliner Morgenpost, erschienen am 03.03.2020, https://www.morgenpost.de/berlin/article228586417/Tausend-Taxifahrer-wollen-am-Dienstag-City-West-blockieren.html

3 Jade Scipioni, How Bill Gates described the internet to David Letterman in 1995: ›It's wild what's going on‹, CNBC, erschienen am 23.09.2020, https://www.cnbc.com/2019/12/08/how-bill-gates-described-the-internet-to-david-letterman-in-1995.html

4 Philip Payne und Golnar Pooya, Maximizing value in the second wave of digital disruption, IBM-Blog, erschienen am 17.09.2020, https://www.ibm.com/blogs/services/2019/09/04/maximizing-value-in-the-second-wave-of-digital-disruption/

5 Satoshi Nakamoto, Bitcoin: A Peer-to-Peer Electronic Cash System, bitcoin.org, abgerufen am 12.07.2020, https://bitcoin.org/bitcoin.pdf

6 Axel Kannenberg, Commerzbank und Daimler testen Blockchain-Bezahlsystem, heise online, erschienen am 08.08.2019, https://www.heise.de/newsticker/meldung/Commerzbank-und-Daimler-testen-Blockchain-basiertes-Bezahlsystem-4491643.html

7 Felix Richter, Meta reaches 3.6 billion people each month, Statista, erschienen am 29.10.2021, https://www.statista.com/chart/2183/facebooks-mobile-users/

8 Brave Browser, Brave-Homepage, abgerufen am 01.02.2022, https://brave.com/de/

9 Greg Magana, AmazonBasics dwarfs Amazon's other private labels in popularity, Business Insider, erschienen am 19.03.2019, https://www.businessinsider.com/amazonbasics-amazon-top-private-label-2019-3?op=1

10 Bruno Umersbach, Die größten Volkswirtschaften weltweit nach Bruttoinlandsprodukt (BIP) 2019, Statista, erschienen am 14.12.2020, https://de.statista.com/statistik/daten/studie/157841/umfrage/ranking-der-20-laender-mit-dem-groessten-bruttoinlandsprodukt/

11 World Bank Group, The Drive for Financial Inclusion: Lessons of World Bank Group Experience, erschienen am 30.06.2021, Approach Paper S. 1 f. https://ieg.worldbankgroup.org/sites/default/files/Data/reports/ap_driveforfinancialinclusion.pdf

12 Diem Association (ehemals Libra Association), Diem-Homepage, abgerufen am 12.02.2021, https://www.diem.com/en-us/

13 Ryan Browne, Fintech Giant Ayden says it has no interest in bitcoin as a payment method and clients aren't asking for it, CNBC, erschienen am 11.02.2021, https://www.cnbc.com/2021/02/11/adyen-says-it-has-no-interest-in-bitcoin-as-a-payment-method.html

14 Werner Grundlehner, Das war's wohl für die Facebook-Weltwährung, Neue Zürcher Zeitung, erschienen am 26.01.2022, https://www.nzz.ch/finanzen/facebook-beendet-das-libra-experiment-ld.1666697

15 Mark Zuckerberg, Facebook-Post, erschienen am 22.06.2022, https://www.facebook.com/zuck/posts/10114535743330641

16 Arijit Sarkar, Meta goes to Brazil to trademark Bitcoin and crypto services, Cointelegraph, erschienen am 29.01.2022, https://cointelegraph.com/news/meta-goes-brazil-to-trademark-bitcoin-and-crypto-services

17 Crypto Open Patent Alliance (COPA), Homepage, abgerufen am 17.02.2022, https://www.opencrypto.org/members/

18 Christian Stede, Jack Dorsey: Bitcoin wird den US-Dollar ersetzen, BTC-ECHO, erschienen am 21.12.2021, https://www.btc-echo.de/news/jack-dorsey-bitcoin-wird-den-us-dollar-ersetzen-131505/

19 Mark Gurman und Jennifer Surane, PayPal Explores Launch of Own Stablecoin in Crypto Push, Bloomberg, erschienen am 07.01.2022, https://www.bloomberg.com/news/articles/2022-01-07/paypal-is-exploring-launch-of-own-stablecoin-in-crypto-push

20 Fransciso Rodrigues, PayPal stablecoin: What it could mean for payments, Cointelegraph, erschienen am 29.01.2022, https://cointelegraph.com/news/paypal-stablecoin-what-it-could-mean-for-payments

21 Bürgerbewegung Finanzwende e. V., No Libra: Warum wir ein Verbot der facebook-Währung im Interesse von Verbraucher*innen fordern, erschienen am 23.07.2019, https://www.finanzwende.de/themen/verbraucherschutz/no-libra/

22 Walmart, Walmart-Company-Facts-Homepage, abgerufen am 10.03.2021, https://corporate.walmart.com/newsroom/company-facts

23 Robert Cantrell et al., System and Method for Digital Currency via Blockchain, US Trademark and Patent Office, Application Number: 16/260616, erschienen am 29.01.2019, https://uspto.report/patent/app/20190236564

24 Lyle Daly, Average Credit Card Processing Fees and Costs in 2020, the ascent, abgerufen am 29.03.2021, https://www.fool.com/the-ascent/research/average-credit-card-processing-fees-costs-america/

25 Raynor de Best, Leading point of sale payment methods in the United States in 2020, Statista, erschienen am 04.03.2021, https://www.statista.com/statistics/568523/preferred-payment-usa

KAPITEL 2

1 Job-Futuromat, Homepage Job-Futuromat, abgerufen am 03.04.2021, https://job-futuromat.iab.de/#top

2 Nils Wischmeyer, Banken verärgern ihre Kunden mit veralteten IT-Systemen, Süddeutsche, erschienen am 20.07.2019, https://www.sueddeutsche.de/wirtschaft/banken-veraltete-it-pannen-1.4529923

3 fintecsystems, Digitalisierung des Banking: Chancen und Herausforderungen für Banken & Finanzdienstleister, erschienen am 17.06.2020 https://knowledge.fintecsystems.com/blog/digitalisierung-des-banking

4 Florian Doehnert-Breyer, Welche deutschen Banken sprechen »Krypto«?, F5 Crypto Capital, erschienen am 28.02.2021, https://f5crypto.com/deutsche-banken-in-der-krypto-welt/

5 Bundesministerium für Wirtschaft und Energie (BMWi) und Bundesministerium der Finanzen (BMF), Blockchain-Strategie der Bundesregierung: Wir stellen die Weichen für die Token-Ökonomie, erschienen am 18.09.2019

6 Bundesministerium der Finanzen, Gesetz zur Einführung von elektronischen Wertpapieren, erschienen am 09.06.2021

7 Thomas Dünser, The Liechtenstein Blockchain Act, Government Principality of Liechtenstein, erschienen am 12.03.2019, http://www.ecri.eu/system/tdf/thomas_duenser_1.pdf?file=1&type=node&id=155&force=0

8 Embassy of the Principality of Liechtenstein, Liechtenstein's Parliament Approves Blockchain Act Unanimously, abgerufen am 03.04.2021, https://www.liechtensteinusa.org/article/liechtensteins-parliament-approves-blockchain-act-unanimously

9 Statistisches Bundesamt, Steuerpflichtige und deren Lieferungen und Leistungen 2019 nach Rechtsform, abgerufen am 02.04.2021, https://www.destatis.de/DE/Themen/Staat/Steuern/Umsatzsteuer/Tabellen/voranmeldungen-rechtsformen.html

10 Statista Research Department, Anzahl der börsennotierten Unternehmen in Deutschland in den Jahren von 1975 bis 2019, erschienen am 02.03.2021, https://de.statista.com/statistik/daten/studie/1203613/umfrage/anzahl-der-boersennotierten-unternehmen-in-deutschland

11 Kathleen Händel, Finanzierungsmonitor 2019: Wie finanzieren sich KMU in Deutschland?, Unternehmenswelt-Blog, erschienen am 29.11.2019, https://www.unternehmenswelt.de/finanzierungsmonitor-2019

12 Börse Stuttgart, Digitale Innovation für den börslichen und außerbörslichen Handel mit fungiblen Produkten, Homepage abgerufen am 03.04.2021, https://www.boerse-stuttgart.de/de-de/gruppe-boerse-stuttgart/unternehmen/unsere-unternehmen/boerse-stuttgart-digital-ventures/

13 Finexity, Profi-Portfolio für alle, Homepage, abgerufen am 03.04.2021, https://finexity.com/personal/company/about

14 Forbes: US-Redaktion, Krypto-Blase, Homepage Forbes AT, erschienen am 19.10.2017, https://www.forbes.at/artikel/krypto-blase.html

15 Shermin Voshmgir, Token Economy: How Blockchains and Smart Contracts Revolutionize the Economy, Berlin (Blockchain Hub Berlin), 1. Auflage 2019, S. 125–128

16 Dante Alighieri Disparte, Why Enterprise Blockchain Project Fail, Forbes, erschienen am 20.05.2019, https://www.forbes.com/sites/dantedisparte/2019/05/20/why-enterprise-blockchain-projects-fail/?sh=1bf19e9a4b96

17 CBDC Tracker, Homepage, abgerufen am 04.04.2021, https://cbdctracker.org/

KAPITEL 3

1 Tatiana Koffman, The Hidden Truth Behind Money Laundering, Banks and Cryptocurrency, Forbes, erschienen am 27.09.2020, https://www.forbes.com/sites/tatianakoffman/2020/09/27/the-hidden-truth-behind-money-laundering-banks-and-cryptocurrency/?sh=4d649fff7b37

2 Daniel Hoppmann, Bitcoin für Drogen, Terrorismus und Waffen? Neue Studie beweist das Gegenteil, BTC-ECHO, erschienen am 09.03.2021, https://www.btc-echo.de/bitcoin-fuer-drogen-und-terrorismus-chainalysis-beweist-das-gegenteil/

3 Moritz Draht, Dieses Ehepaar wollte 4,5 Milliarden US-Dollar in Bitcoin waschen, BTC-ECHO, erschienen am 09.02.2022, https://www.btc-echo.de/news/bitfinex-ehepaar-4-milliarden-us-dollar-bitcoin-waschen-134701/

4 Allmählicher Wandel beim Zahlungsverhalten im Euroraum, Homepage Europäische Zentralbank, Pressemitteilung, erschienen am 02.12.2020, https://www.ecb.europa.eu/press/pr/date/2020/html/ecb.pr201202~0645677cf6.de.html

5 Björn Finke, EU diskutiert Limit für Barzahlungen, Süddeutsche, erschienen am 22.01.2021, https://www.sueddeutsche.de/wirtschaft/eu-bargeld-grenze-1.5183566

6 Alexander Maxia, Sweden – The first cashless society?, Homepage sweden.se, erschienen am 10.12.2020, https://sweden.se/business/cashless-society/

7 Kenneth Rogoff, Costs and benefits phasing out paper currency, Harvard University, 2014, https://scholar.harvard.edu/files/rogoff/files/c13431.pdf

8 CBDC Tracker, Homepage, abgerufen am 04.04.2021, https://cbdctracker.org/

9 Arjun Kharpal, China's PBOC joins cross-border digital currency project with other central banks, CNBC, erschienen am 24.02.2021, https://www.cnbc.com/2021/02/24/chinas-pboc-joins-cross-border-digital-currency-project.html

10 Anonym, Digitales Zentralbankgeld, wikipedia.org, abgerufen am 05.04.2021, https://de.wikipedia.org/wiki/Digitales_Zentralbankgeld

11 Frances Coppla, How Central Banks Could Use Digital Cash to Deliver Universal Basic Income, CoinDesk, erschienen am 20.03.2020, https://www.coindesk.com/policy/2020/03/30/how-central-banks-could-use-digital-cash-to-deliver-universal-basic-income/

12 Jia Pengfei, Negative Interest Rates on Central Bank Digital Currency, Nanjing University (China), erschienen im Oktober 2020, https://mpra.ub.uni-muenchen.de/103828/

13 Morgan Ricks und Lev Menand, Let's Pay the Stimulus in Digital Dollars, Bloomberg, erschienen am 24.03.2020, https://www.bloomberg.com/opinion/articles/2020-03-24/coronavirus-stimulus-let-s-pay-it-in-digital-dollars

14 Mark Kutzbach et al., How America Banks: Household Use of Banking and Financial Services, Division of Insurance and Research Federal Deposit

Insurance Corporation, erschienen im Oktober 2020, https://www.fdic.gov/analysis/household-survey/

15 Dana Hajek, Interview Peter Bofinger: „Eine Kryptowährung kann ganz schnell implodieren", BTC-ECHO, erschienen am 06.04.2020, https://www.btc-echo.de/peter-bofinger-eine-kryptowaehrung-kann-ganz-schnell-implodieren/

16 Stephan Schulmeister, Das »Vollgeldsystem«: Notwendige Reform oder gefährliches Allheilmittel?, Österreichisches Institut für Wirtschaftsforschung, WIFO Working Papers Nr. 518, Mai 2016, https://www.econstor.eu/bitstream/10419/156666/1/862535700.pdf

17 Peter Bofinger und Thomas Haas, Central bank digital currencies risk becoming a gigantic flop, VoxEU-Kolumne, erschienen am 01.02.2021, https://voxeu.org/article/central-bank-digital-currencies-risk-becoming-gigantic-flop

18 Alexander Bechtel, Muss der digitale Euro programmierbar sein?, Podcast Bitcoin, Fiat & Rock'n Roll, spotify, erschienen am 19.03.2021, https://open.spotify.com/show/5tif2aKBOvKwbaZndtKxuf

19 Christine Lagarde, Video-Interview mit Bloomberg, erschienen am 31.03.2021, https://www.bloomberg.com/news/videos/2021-03-31/lagarde-says-ecb-will-decide-on-digital-euro-by-mid-2021-video

20 CBDC Tracker, Homepage, abgerufen am 04.04.2022, https://cbdctracker.org/

21 Hans-Arthur Marsiske, Das Internet der Dinge lädt ein zu Cyberattacken, heise, erschienen am 14.12.2017, https://www.heise.de/newsticker/meldung/Das-Internet-der-Dinge-laedt-ein-zu-Cyberattacken-3917942.html

22 Eliza Gkritsi, Blockchain, fintech get name checks in 14th Five-Year Plan, technode, erschienen am 05.03.2021, https://technode.com/2021/03/05/blockchain-fintech-get-name-checks-in-14th-five-year-plan/

23 Dimitris Mourtzis und Michalis Doukas, Decentralized Manufacturing Systems review: challenges and outlook, S. 177 ff., Springer Verlag, erschienen im September 2012

24 Car Wallet, Riddle&Code-Homepage, abgerufen am 08.04.2021, https://www.riddleandcode.com/car-wallet

25 Strategy& und PwC, The 2019 Digital Auto Report: Time to get real: opportunities in a transforming market, abgerufen am 14.06.2021, https://www.strategyand.pwc.com/de/en/insights/2019/digital-auto-report/digital-auto-report-2019.pdf

26 Juniper Research, The State of Blockchain (Reprint for IBM), abgerufen am 14.06.2021, https://www.ibm.com/downloads/cas/POPANVJW

27 Rita Liao, China's national blockchain network embraces global developers, techcrunch, erschienen am 04.02.2021, https://techcrunch.com/2021/02/03/bsn-china-national-blockchain/

28 Rodd Garrat, Michael Lee und Antoine Martin, Token- or Account-Based? A Digital Currency Can Be Both, Federal Reserve Bank of New York, Liberty Street Economics, erschienen am 12.08.2020, https://libertystreeteconomics.newyorkfed.org/2020/08/token-or-account-based-a-digital-currency-can-be-both.html

29 Carolynn Look, ECB's Panetta Floats 3,000-Euro Limit on Digital Cash, Bloomberg, erschienen am 09.02.2021, https://www.bloomberg.com/news/articles/2021-02-09/ecb-s-panetta-floats-3-000-euro-limit-on-digital-cash-spiegel

30 Meng Niang, Das 12-Millionen-Yuan-Reisepaket in Chengdu mit digitalem RMB ist da, Daily Chengdu Press, erschienen am 01.07.2021, https://mp.weixin.qq.com/s/1Zsah-CH7AGlLX6b_or2TXA

31 Thorsten Polleit, Der digitale Euro ist ein vergifteter Apfel, Wirtschafts-Woche, erschienen am 11.10.2020, https://www.wiwo.de/politik/konjunktur/geldpolitik-der-digitale-euro-ist-ein-vergifteter-apfel/26259546.html

32 Vipin Bharathan, People's Bank Of China Draft Law Provides A Legal Basis For Digital Currency Electronic Payments (DC/EP) And Bans All Stablecoins Backed By Renminbi Reserves, Forbes, erschienen am 24.10.2020, https://www.forbes.com/sites/vipinbharathan/2020/10/24/peoples-bank-of-china-draft-law-provides-a-legal-basis-for-digital-currency-electronic-payments-dcep-and-bans-all-stablecoins-backed-by-renminbi-reserves/?sh=6ef89ea34cod

33 Reuters, China plans tougher antitrust rules for non-bank payment industry, erschienen am 20.01.2021, https://www.reuters.com/article/us-china-payment-cenbank-idUSKBN29P15T

34 Huw Jones, Global watchdogs agree rules for stablecoins like Facebook's Libra, Reuters, erschienen am 13.10.2020, https://www.reuters.com/article/uk-g20-regulator-cryptoassets-idUSKBN26X2OI

35 Wikipedia, Tether (cryptocurrency), abgerufen am 03.04.2021, https://en.wikipedia.org/wiki/Tether_(cryptocurrency)

36 Mitsutoshi Adachi, Matteo Cominetta, Christoph Kaufmann und Anton van der Kraaij, A regulatory and financial stability perspective on global stablecoins, European Central Bank, erschienen am 05.05.2020, https://www.ecb.europa.eu/pub/financial-stability/macroprudential-bulletin/html/ecb.mpbu202005_1~3e9ac10eb1.en.html#toc6

37 Bruno Urmersbach, Staatsschulden der USA nach Monaten bis Mai 2022, Statista, erschienen am 09.06.2022, https://de.statista.com/statistik/daten/studie/187893/umfrage/staatsverschuldung-der-usa-monatswerte/

38 Wikipedia, Devisenmarkt, abgerufen am 25.05.2021, https://de.wikipedia.org/wiki/Devisenmarkt.

39 DZ-Bank-Blog, Am US-Dollar führt kein Weg vorbei, erschienen am 24.09.2019, https://dzresearchblog.dzbank.de/2019/09/24/am-us-dollar-fuehrt-kein-weg-vorbei/

40 Coinmarketcap, Homepage, abgerufen am 26.05.2022, https://coinmarketcap.com/

41 Niall Ferguson und Michael Casey, Why Bitcoin Now: Michael Casey and Niall Ferguson on How Bitcoin Fits

in the History of Money, Unchained Podcast, erschienen am 14.07.2020, https://unchainedpodcast.com/why-bitcoin-now-michael-casey-and-niall-ferguson-on-how-bitcoin-fits-in-the-history-of-money/

42 Caitlin Long, Ten Stablecoin Predictions And Their Monetary Policy Implications, Cato Journal, Cato Institute, erschienen im Sommer 2020, https://www.cato.org/cato-journal/spring/summer-2021/ten-stablecoin-predictions-their-monetary-policy-implications

43 Conder Token, Wikipedia, abgerufen am 25.09.2021, https://en.wikipedia.org/wiki/Conder_token

KAPITEL 4

1 Kari Paul, Trump's bid to ban TikTok and WeChat: where are we now?, The Guardian, erschienen am 29.9.2020, https://www.theguardian.com/technology/2020/sep/29/trump-tiktok-wechat-china-us-explainer

2 Reuters, SWIFT says spending some Iranian banks' access to messaging system, erschienen am 05.11.2018, https://www.reuters.com/article/us-usa-iran-sanctions-swift-idUSKCN1NA1PN

3 Ingo Malcher und Lisa Nienhaus, Der Finanzkrieg, Zeit Online, erschienen am 02.03.2022, https://www.zeit.de/2022/10/swift-ausschluss-russland-rubel-notenbank-ukraine-krieg

4 Cathrin Schaer, Making Europe financially independent, one transaction at a time, Handelsblatt, erschienen am 28.08.2018, https://www.handelsblatt.com/english/politics/heikos-dream-making-europe-financially-independent-one-transaction-at-a-time/23583146.html

5 Pressemitteilung Commerzbank tests blockchain-based machine-to-machine payment solution for the first time, erschienen am 08.08.2019, https://www.commerzbank.com/en/hauptnavigation/presse/pressemitteilungen/archiv1/2019/quartal_19_03/presse_archiv_detail_19_03_82762.html

6 Daniel Hoppmann, Digitaler Rubel soll nächstes Jahr kommen, BTC-ECHO, erschienen am 22.04.2022, https://www.btc-echo.de/schlagzeilen/russland-digitaler-rubel-soll-naechstes-jahr-kommen-139800/

7 Marlen Kramer, Iran erlaubt Krypto-Zahlungen im internationalen Handel, BTC-ECHO, erschienen am 12.01.2022, https://www.btc-echo.de/schlagzeilen/iran-erlaubt-krypto-zahlungen-im-internationalen-handel-132852/

8 David Pan, China's Central Bank Is Partnering with SWIFT on a New Joint Venture, Coindesk, erschienen am 03.02.2021, https://www.coindesk.com/chinas-central-bank-is-partnering-with-swift-on-a-new-joint-venture

9 Handelszeitung, »Bank der Zentralbanken« setzt Mitgliedschaft Russlands aus, erschienen am 10.03.2022, https://www.handelszeitung.ch/news-ticker/bank-der-zentralbanken-setzt-mitgliedschaft-russlands-aus

10 Wikipedia, Bretton-Woods-System, abgerufen am 02.04.2021, https://de.wikipedia.org/wiki/Bretton-Woods-System

11 Kevin Yao, What we know about China's ›dual circulation‹ economic strategy, Reuters, erschienen am 15.09.2020, https://www.reuters.com/article/china-economy-transformation-explainer-idUSKBN2600B5

12 Wikipedia, Regional Comprehensive Economic Partnership, abgerufen am 02.04.2021, https://de.wikipedia.org/wiki/Regional_Comprehensive_Economic_Partnership

13 Nikkeo Asia, Saudi Aramco hints at future yuan bonds in potential coup for China, erschienen am 21.11.2020, https://asia.nikkei.com/Business/Markets/Saudi-Aramco-hints-at-future-yuan-bonds-in-potential-coup-for-China

14 David Fickling, Saudi Arabia's Oil-For-Yuan Bid Won't Threaten the Dollar, Bloomberg, erschienen am 16.03.2022, https://www.bloomberg.com/opinion/articles/2022-03-16/saudi-arabia-s-oil-for-yuan-proposal-won-t-threaten-the-dollar

15 Vakt-Pressemitteilung, Saudi Aramco Energy Ventures makes $5m investment into VAKT and joins platform, erschienen am 28.01.2020, https://www.vakt.com/press/saudi-aramco-energy-ventures-makes-5m-investment-into-vakt-and-joins-platform

16 Steffen Richter, Chinas Geheimverträge, Die Zeit, erschienen am 31.03.2021, https://www.zeit.de/wirtschaft/2021-03/neue-seidenstrasse-belt-and-road-initiative-china-infrastruktur-finanzierung-entwicklungslaender

17 Reuters, China, Greece agree to push ahead with COSCO's Piraeus Port investment, erschienen am 11.11.2019, https://www.reuters.com/article/us-greece-china-idUSKBN1XL1KC

18 Rita Liao, China's national blockchain network embraces global developers, TechCrunch, erschienen am 04.02.2021, https://techcrunch.com/2021/02/03/bsn-china-national-blockchain/

19 Tom Phillips, China unveils plan to build a global payment network based on central bank digital currencies, NFCW, erschienen am 20.01.2021, https://www.nfcw.com/2021/01/20/370197/china-unveils-plan-to-build-a-global-payment-network-based-on-central-bank-digital-currencies/

20 BSN-Initiative, BSN Outlook 2021, erschienen am 15.01.2021, Medium, https://medium.com/bsnbase/bsn-2021-outlook-e2e6841db51b

21 Asia Fund Managers News, New wave of digital yuan tests, including ATMs, erschienen am 05.03.2021, https://www.asiafundmanagers.com/int/china-digital-yuan-tests/

22 Arjun Kharpal, China hands out $1,5 million of it's digital currency in one of the country's biggest public test, CNBC, erschienen am 12.10.2020, https://www.cnbc.com/2020/10/12/china-digital-currency-trial-over-1-million-handed-out-in-lottery.html

23 ECB Forum on Central Banking 2020, erschienen am 12.11.2020, https://www.ecb.europa.eu/pub/conferences/html/20201111_ecb_forum_on_central_banking.en.html

24 YouTube-Channel Reuters, Federal Reserve Chair Jerome Powell participates in a virtual event with Princeton University, erschienen am 14.01.2021, https://www.youtube.com/watch?v=YppsakVGn-A

25 Christian Siedenbiedel, Digitaler Euro spätestens in fünf Jahren, Frankfurter Allgemeine Zeitung, erschienen am 13.02.2021, https://www.faz.net/aktuell/finanzen/ezb-praesidentin-lagarde-kuendigt-digitalen-euro-in-fuenf-jahren-an-17144352.html

26 Jan Mallien und Frank Wiebe, EZB-Konzept fast fertig: So könnte der digitale Euro aussehen, Handelsblatt, erschienen am 26.05.2021, https://www.handelsblatt.com/finanzen/geldpolitik/zahlungsverkehr-ezb-konzept-fast-fertig-so-koennte-der-digitale-euro-aussehen/27224454.html

27 Ulrich Bindseil und Fabio Panetta, Digital central bank money for Europeans – get ready for the future, Blog Europäische Zentralbank, erschienen am 25. 03.2021, https://www.ecb.europa.eu/press/blog/date/2021/html/ecb.blog210325~e22188c522.en.html

28 Europäische Zentralbank, ECB publishes the results of the public consultation on a digital euro, erschienen am 14.04.2021, https://www.ecb.europa.eu/press/pr/date/2021/html/ecb.pr210414~ca3013c852.en.html

29 Angela Wefers, Digitaler Euro: Berlin und Paris dringen auf schnelle Einführung, Börsen-Zeitung, erschienen am 26.05.2021, https://www.boersen-zeitung.de/konjunktur-politik/berlin-und-paris-dringen-auf-schnelle-einfuehrung-e576c478-be1f-11eb-9885-5aa396dd22b3

30 Stefan Krempl, Kryptowährungen: Scholz & Co. wollen Stablecoins wie Libra verbieten können, heise, erschienen am 11.09.2020, https://www.heise.de/news/Kryptowaehrungen-Scholz-Co-wollen-Stablecoins-wie-Libra-verbieten-koennen-4892315.html

31 Statista Research Department, Ranking der 15 Länder mit den weltweit höchsten Militärausgaben im Jahr 2019, erschienen 19.03.2020, https://de.statista.com/statistik/daten/studie/157935/umfrage/laender-mit-den-hoechsten-militaerausgaben/

32 Lael Brainard, Private Money and Central Bank Money as Payments Go Digital: an Update on CBDCs,

Homepage Federal Reserve Bank (FED), erschienen am 24.05.2021, https://www.federalreserve.gov/newsevents/speech/brainard20210524a.htm

33 Marc Jones, Over $315,000 in digital yuan used every day at Olympics – PBOC official says, Reuters, erschienen am 16.02.2022, https://www.reuters.com/technology/around-300-mln-digital-yuan-used-every-day-olympics-pboc-official-says-2022-02-15/

34 Dashveenjit Kaur, The West's fears on China's digital yuan escalates with a ban, Techwire Asia, erschienen am 30.05.2022, https://techwireasia.com/2022/05/the-wests-fears-on-chinas-digital-yuan-escalates-with-a-ban/

35 Zoltan Pozsar, Bretton Woods III, Credit Suisse, erschienen am 07.03.2022, https://plus2.credit-suisse.com/shorturlpdf.html?v=4ZR9-WTBd-V

KAPITEL 5

1 Modern Monetary Theory (MMT), Wikipedia, abgerufen am 01.05.2021, https://de.wikipedia.org/wiki/Modern_Monetary_Theory

2 Jörg Krämer, Die Modern Monetary Theory könnte sich durch die Hintertür durchsetzen, Handelsblatt, erschienen am 25.11.2020, https://www.handelsblatt.com/meinung/kolumnen/homo_oeconomicus/homo-oeconomicus-die-modern-monetary-theory-koennte-sich-durch-die-hintertuer-durchsetzen/26653498.html

3 Gregor Mast, Das Interview: Gold ist der Rohstoff der Freiheit, The Market NZZ, erschienen am 23.09.2019, https://themarket.ch/interview/gold-ist-der-rohstoff-der-freiheit-ld.895

4 Hermann Sautter, Das Bretton-Woods-System, Bundeszentrale für politische Bildung (bpb), erschienen am 12.01.2012, https://www.bpb.de/politik/wirtschaft/finanzmaerkte/54851/bretton-woods-system?p=0

5 Gerald P. O'Driscoll, What Do We Mean By Sound Money?, Foundation for Economic Freedom (FFE), erschienen am 15.06.2016, https://fee.org/articles/what-do-we-mean-by-sound-money/

6 David Scheider, Rio de Janeiro investiert 1 Prozent der städtischen Rücklagen in Bitcoin, BTC-ECHO, erschienen am 14.01.2022, https://www.btc-echo.de/schlagzeilen/rio-de-janeiro-investiert-in-1-prozent-der-staedtischen-ruecklagen-in-bitcoin-133006/

7 Tina Groll, Wenn Reiche die Rentenlücke füllen sollen, Zeit Online, erschienen am 8.01.2020, https://www.zeit.de/wirtschaft/2020-01/rentenfinanzierung-norbert-walter-borjans-spd-soziale-gerechtigkeit

8 Horst von Buttlar, Die Zombifizierung der Wirtschaft, Capital, erschienen am 20.11.2020, https://www.capital.de/wirtschaft-politik/die-zombifizierung-der-wirtschaft

KAPITEL 6

1 Deutscher Bundestag, Regierung will elektronische Wertpapiere in Deutschland einführen, erschienen am 04.03.2021, https://www.bundestag.de/dokumente/textarchiv/2021/kw09-de-elektronische-wertpapiere-824852

2 Bundesanstalt für Finanzdienstleistungsaufsicht (BaFin), Merkblatt: Hinweise zum Tatbestand des Kryptoverwahrgeschäftes, erschienen am 02.03.2020, https://www.bafin.de/SharedDocs/Veroeffentlichungen/DE/Merkblatt/mb_200302_kryptoverwahrgeschaeft.html

3 Avivah Litan und Adrian Leow, Hype Cycle for Blockchain Technologies 2020, Gartner Research, erschienen am 13.07.2020, https://www.gartner.com/en/documents/3987450/hype-cycle-for-blockchain-technologies-2020

4 PwC Deutschland, PwC: Blockchain-Technologien könnten die Weltwirtschaft bis 2030 um 1,76 Billionen US-Dollar stärken, da sie Verfolgung, Rückverfolgung und Vertrauen verbessern, Presseportal, erschienen am 14.10.2020, https://www.presseportal.de/pm/8664/4734503

5 Matthias Horx, Future Bias: Die psychologischen Ursachen von Fehlprognosen, Zukunftsinstitut, erschienen im Dezember 2016, https://www.zukunftsinstitut.de/artikel/future-forecast/future-bias-die-psychologischen-ursachen-von-fehlprognosen/

6 Florian Doehnert-Breyer, Progressive Krypto-Banken in DE, F5 Crypto Capital, erschienen am 28.02.2021, https://f5crypto.com/deutsche-banken-in-der-krypto-welt/

7 Alexandre Vandeput, Veraltete IT-Systeme können für Banken zum Risiko werden, Der Bank Blog, erschienen am 20.02.2020, https://www.der-bank-blog.de/veraltete-it-systeme/technologie/37659479/

8 Yasmin Osman, Banken melden fast 500 IT-Pannen in zwei Jahren, Handelsblatt, erschienen am 11.09.2019, https://www.handelsblatt.com/finanzen/banken-versicherungen/banken/internetsicherheit-banken-melden-fast-500-it-pannen-in-zwei-jahren/25005216.html

9 Christopher Klee, Technischer Totalausfall bei EZB zeigt Stärke von Bitcoin, BTC-ECHO, erschienen am 28.10.2020, https://www.btc-echo.de/news/technischer-totalausfall-bei-ezb-zeigt-staerke-von-bitcoin-102699/

10 Philipp Grüll et al., Wirecard-Skandal: Die Suche nach den 1,9 Milliarden Euro, Tagesschau, erschienen am 07.12.2020, https://www.tagesschau.de/investigativ/br-recherche/wirecard-milliarden-versteckspiel-101.html

11 Sven Wagenknecht, Wirecard: Diese Konsequenzen müssen wir jetzt ziehen, BTC-ECHO, erschienen am 26.06.2020, https://www.btc-echo.de/wirecard-diese-konsequenzen-muessen-wir-jetzt-ziehen/

12 Heike Joebges, Finanzkrise: Ursachen, Auswirkungen, Bekämpfung, Institut für Makroökonomie und Konjunkturforschung, Hans-Böckler-Stiftung, erschienen am 20.09.2009, https://www.boeckler.de/pdf/bb_2009_10_finanzkrise_joebges.pdf

13 shopanbieter.de, Neues Kredit-Vermittlungsprogramm für Amazonverkäufer, erschienen am 01.07.2020, https://www.shopanbieter.de/15076-business-kredite-direkt-im-seller-central-bis-zu-750-000-euro-kreditrahmen-fuer-ausgewaehlte-amazon-seller

14 Nikola Jelicic, Open Banking – viel mehr als PSD2, Banking-Hub-Blog, abgerufen am 21.01.2022, https://bankinghub.de/themen/open-banking-viel-mehr-als-psd2

15 Nicholas Megaw, Santander and eBay to launch loans app in UK, Financial Times, erschienen am 03.06.2019, https://www.ft.com/content/661334ac-83b4-11e9-b592-5fe435b57a3b

16 Ron Shevlin, Amazon and Goldman Sachs: A small business lending wake-up call for banks, Forbes, erschienen am 15.06.2020, https://www.forbes.com/sites/ronshevlin/2020/06/15/amazon-and-goldman-sachs-a-small-business-lending-wake-up-call-for-banks/?sh=6a6da65c7891

17 Hugh Son, JPMorgan creates new unit for blockchain projects, says the technology is close to make money, CNBC, erschienen am 27.10.2020, https://www.cnbc.com/2020/10/27/jpmorgan-creates-new-unit-for-blockchain-projects-as-it-says-the-technology-is-close-to-making-money.html

18 ING-Bank, Studie: Die Corona-Revolution: »König Cash« wird langsam gestürzt, erschienen am 19.10.2020, https://www.ing.de/binaries/content/assets/pdf/ueber-uns/presse/publikationen/2020/ing-economic-analysis---iis-die-corona-revolution.pdf/

19 Wikipedia, Amazon Go, abgerufen am 15.04.2021, https://de.wikipedia.org/wiki/Amazon_Go

20 Konstantinos Mitsis, Amazon lässt neue Bezahlart patentieren: US-Riese setzt auf Supermärkte und Discounter, Chip, erschienen am 02.01.2020, https://www.chip.de/news/Amazon-laesst-neue-Bezahlart-patentieren-US-Riese-setzt-auf-Supermaerkte-und-Discounter_178551925.html

21 Patrick Zoll, Überwachung mit Gesichtserkennung: Made in China, erprobt in Xinjiang und weltweit exportiert, Neue Züricher Zeitung, erschienen am 03.12.2019, https://www.nzz.ch/international/china-nutzt-gesichtserkennung-fuer-ueberwachung-und-exportiert-sie-ld.1525690

22 Yasmin Osman und Michael Maisch, Was hinter der Kooperation von Deutscher Bank und Google steckt, Handelsblatt, erschienen am 04.12.2020, https://www.handelsblatt.com/finanzen/banken-versicherungen/banken/it-system-was-hinter-der-kooperation-von-deutscher-bank-und-google-steckt/26686002.html

KAPITEL 7

1 Bitcoin Law, Wikipedia, abgerufen am 18.01.2022, https://en.wikipedia.org/wiki/Bitcoin_Law

2 James Chen, SVC (El Salvador Colon), Investopia, erschienen am 05.11.2020, https://www.investopedia.com/terms/forex/s/svc-el-salvador-colon.asp

3 Statista Research Department, Share of adult population with a bank or mobile money service account in El Salvador between 2011 and 2017, Statista, erschienen am 02.07.2021, https://www.statista.com/statistics/1011424/el-salvador-bank-account-ownership-rate-type/

4 Lauren Mason, DeVere's Green: Bitcoin to become legal tender in three more countries this year – Panama, Paraguay and Guatemala, Investment Week, erschienen am 05.01.2022, https://www.investmentweek.co.uk/news-analysis/4042778/devere-green-bitcoin-legal-tender-countries

5 Anthony Esposito und Diego Ore, IMF recommends El Salvador not use bitcoin as legal tender, Reuters, erschienen am 23.11.2021, https://www.reuters.com/markets/us/imf-recommends-el-salvador-not-use-bitcoin-legal-tender-2021-11-22/

6 Rodrigo Campos, World Bank rejects El Salvador request for help in bitcoin implementation, Reuters, erschienen am 17.06.2021, https://www.reuters.com/business/el-salvador-keep-dollar-legal-tender-seeks-world-bank-help-with-bitcoin-2021-06-16/

7 Huw Jones und David Milliken, BIS official casts doubts on El Salvador bitcoin ›experiment‹, Reuters, erschienen am 11.06.2021, https://www.reuters.com/business/finance/bis-official-casts-doubt-el-salvador-bitcoin-experiment-2021-06-11/

8 Sean Stein Smith, Crypto bonds are coming – what potential investors should consider, Forbes, erschienen am 13.12.2021, https://www.forbes.com/sites/seansteinsmith/2021/12/13/crypto-bonds-are-coming--what-potential-investors-should-consider/?sh=14ed51304bc0

9 El Salvador – Credit Rating, Trading Economics, abgerufen am 18.01.2022, https://tradingeconomics.com/el-salvador/rating

10 Malte Mansholt, Google down: Das steckt hinter dem großen Blackout bei Youtube und Co., Stern, erschienen am 14.12.2020, https://www.stern.de/digital/online/google-down--das-steckte-hinter-dem-grossen-blackout-bei-youtube-und-co--9532108.html

11 David Scheider, T-Systems MMS und Andreessen Horowitz staken auf der Celo-Blockchain, BTC-ECHO, erschienen am 22.06.2021, https://www.btc-echo.de/news/t-systems-mms-und-andreessen-horowitz-staken-auf-der-celo-blockchain-120991/

12 What is a Blockchain Oracle?, Chainlink-Homepage, erschienen am 14.09.2021, https://chain.link/education/blockchain-oracles

13 Marco Castrovelli, DeFi ist not decentralized at all, says former Blockstream Executive, Cointelegraph, erschienen am 28.04.2022, https://cointelegraph.com/news/defi-is-not-decentralized-at-all-says-former-blockstream-executive

14 Yannick Chavanne, Das sind die aufstrebenden Technologien im Hype Cycle 2021, Netzwoche, erschienen am 27.08.2021, https://www.netzwoche.ch/news/2021-08-27/das-sind-die-aufstrebenden-technologien-im-hype-cycle-2021

15 Chicago Board of Trade – Company Profile, Information, Business Description, History, Background Information on Chicago Board of Trade, Reference for Business, abgerufen am 20.01.2022, https://www.referenceforbusiness.com/history2/25/Chicago-Board-of-Trade.html

16 Irish loans funds, Wikipedia, abgerufen am 20.01.2022, https://en.wikipedia.org/wiki/Irish_loan_funds

17 Aidan Hollis und Arthur Sweetman, Microcredit in Pre-Fame Irland, University of Calgary, erschienen im April 1997, https://citeseerx.ist.psu.edu/viewdoc/download?doi=10.1.1.199.772&rep=rep1&type=pdf

18 Bitcoin Rich List, BitInfoCharts, abgerufen am 21.01.2022, https://bitinfocharts.com/de/top-100-richest-bitcoin-addresses.html

19 The DAO (organization), Wikipedia, abgerufen am 21.01.2022, https://en.wikipedia.org/wiki/The_DAO_(organization)

20 Nikola Jelicic, Open Banking – viel mehr als PSD2, Banking-Hub-Blog, abgerufen am 21.01.2022, https://bankinghub.de/themen/open-banking-viel-mehr-als-psd2

21 Mike Isaac, Facebook renames itself Meta, The New York Times, erschienen am 28.10.2021, https://www.nytimes.com/2021/10/28/technology/facebook-meta-name-change.html

22 Jess Wheaterbed, Bill Gates predicts that most meetings will move to the Metaverse within 3 years, techradar.com, erschienen am 13.12.2021, https://www.techradar.com/news/bill-gates-predicts-that-most-meetings-will-move-to-the-metaverse-within-3-years

23 Andreas Floemer, Apple Glasses: AR-Brille soll 2024 kommen – erstes MR-Headset Anfang 2023, t3n, erschienen am 13.06.2022, https://t3n.de/news/apple-glasses-ar-brille-2024-1479093/

24 Dana Hajek, FC Bayern München setzt auf Blockchain-Kooperation mit Sorare, BTC-ECHO, erschienen am 10.11.2020, https://www.btc-echo.de/news/fc-bayern-muenchen-auf-der-blockchain-kooperation-mit-sorare-103310/

25 Österreichische Post, Crypto-Stamps-Homepage, abgerufen am 22.01.2022, https://crypto.post.at/

26 Magan McDowell, What an inspiring digital fashion week looks like, Vogue, erschienen am 04.08.2020, https://www.voguebusiness.com/technology/heres-what-an-inspiring-digital-fashion-week-looks-like

27 Marlen Kremer, Nike kauft RTFKT: Kommen jetzt die Cryptokicks zum Metaverse?, BTC-ECHO, erschienen am 14.12.2021, https://www.btc-echo.de/news/nike-kauf-rtfkt-kommen-jetzt-die-cryptokicks-fuers-metaverse-131138/

28 Giulia Nevi, NFT – Non Fungible Tokens how react the consumers? An exploratory analysis for a future integrated acceptance model, Paper Sapienza University of Rome, erschienen am 20.01.2022, http://archives.marketing-trends-congress.com/2022/pages/PDF/023.pdf

29 Christopher Andon et al., Event based distribution of cryptographically secured digital assets, United States Patent and Trademark Office, erschienen am 11.06.2020, https://pubchem.ncbi.nlm.nih.gov/patent/US-2020184547-A1

30 Rebirth of Venus, SuperRare, Transaktion laut Blockchain Explorer am 21.11.2020, https://superrare.com/artwork-v2/rebirth-of-venus-16297

31 Lucas Matney, NFT startup Dapper Labs acquires virtual influencer startup Brud, TechCrunch, erschienen am 04.10.2021, https://techcrunch.com/2021/10/04/nft-startup-dapper-labs-acquires-virtual-influencer-startup-brud/

32 Beeple, Everydays: The first 5000 days, Christie's, abgerufen am 22.01.2022, https://onlineonly.christies.com/s/beeple-first-5000-days/beeple-b-1981-1/112924

33 Samantha Hissong, Kings of Leon Will Be the First Band to Release an Album as an NFT, RollingStone, erschienen am 03.03.2021, https://www.rollingstone.com/pro/news/kings-of-leon-when-you-see-yourself-album-nft-crypto-1135192/

34 Katja Drinhausen und Vincent Brussee, China's Social Credit System in 2021: From fragmentation towards integration, Mercator Institute for China Studies, erschienen am 03.03.2021, https://merics.org/en/report/chinas-social-credit-system-2021-fragmentation-towards-integration

35 Daniel Hoppmann, BitClout-Gründer sagt sozialen Netzwerken den Kampf an, BTC-ECHO, erschienen am 01.10.2021, https://www.btc-echo.de/news/bitclout-gruender-sagt-sozialen-netzwerken-den-kampf-an-126991/

36 Alex Masmej, Homepage Alex Masmej, abgerufen am 23.01.2022, https://alexmasmej.com/

ZUR PERSON

Sven Wagenknecht ist Chefredakteur und Co-Founder von BTC-ECHO, der führenden deutschsprachigen Medienplattform im Bereich Blockchain und Kryptowährungen. Zudem berät er öffentliche Institutionen wie die Vereinten Nationen und die Europäische Union zu Blockchain-Initiativen. Als Vorstandsmitglied im Arbeitskreis Blockchain des Digitalverbandes Bitkom e.V. setzt er sich für die Etablierung der Token-Ökonomie ein. Nach seiner Ausbildung zum Bankkaufmann hat Wagenknecht Politik und Wirtschaft in Münster und Barcelona studiert.

Printed in Germany
by Amazon Distribution
GmbH, Leipzig

29566209R00106